遺品整理・特殊清掃

開業・運営ガイドブック

遺品整理・死後事務専門
行政書士
谷 茂 著

JN026909

日本法令

はしがき

　遺品整理という言葉は既に一般的な用語として広く浸透している気がします。しかしながら、筆者がはじめてこの遺品整理業に飛び込んだ時代には、まだこの「遺品整理」という言葉はありませんでした。実は普段何気なく使っている「遺品整理」という言葉は歴史的に見ればつい最近できた言葉ともいえます。筆者が遺品の片付けを専門に行う会社に入社した当時は、「遺品処分」といわれていたのを覚えています。その当時は専門会社ですら「整理」という言葉は使用しておらず、それより以前は「不要品処分」「ごみ処分」というカテゴリーで扱われていた業種でもありました。

　では、「ごみ処分」や「遺品処分」がいつから「遺品整理」となったのかというと、これも筆者が当時勤めていた会社の代表が「遺品処分ではまるでごみを扱っているようで遺族に申し訳ない」と考え、より適切な表現はないものかと模索した結果、「遺品整理」という表現が生まれたのです。実は遺品整理専門の会社ができたのも歴史的に見ればごく最近ともいえます。

　では、なぜ近年遺品整理業界が注目され、専門に扱う事業者が増えてきたのかというと、お茶の間の話題に非常にマッチしたからではないかと筆者は考えています。「孤立死（孤独死）」や「ごみ屋敷」「事故物件」というセンセーショナルな話題がお昼のワイドショーの良いネタになったのだと思われます。実際に、当時の筆者の勤務先でも月に１度はいずれかの支店でテレビや新聞、雑誌といった各媒体の取材を受けており、遺品整理の依頼者である遺族に取材の交渉をするのが日課となっているほどでした。

　こうして遺品整理という職種が世間に浸透しはじめ、書籍や映画、ドラマなどにも遺品整理を題材としたものが多く出てくるにつれて、遺品整理という言葉も一般的に使用されるようになってきました。また、世間の認知度が上がれば当然それをビジネスチャンスと捉える人も増え、現在では毎年右肩上がりで遺品整理事業者が増えている状況

となっています。

　しかし、遺品整理事業者が増えることで市場原理に従い遺品整理の価格の低下や各種サービスが充実することは、利用者側からすると歓迎すべき現象が起きる一方で、法律に反する不法投棄や悪質な遺品の買取り（押し買い）等のトラブルもニュースで耳にするようになりました。特に遺品整理業のなかでも自死や孤立死が起きた部屋を整理する「特殊清掃」と呼ばれる特殊な遺品整理では、貸主や近隣からの苦情で疲労困憊の遺族の足元を見た価格で清掃を受注したり、本来なら遺品整理や特殊清掃を進めてはいけないような状況で、自社の利益を優先するがあまり無理に作業を進めてしまい、その結果、依頼した遺族が大きな損害を被ってしまうというケースも出てきています。こうしたトラブルは必ずしも遺品整理業や特殊清掃業だけの問題ではなく、多くの賃貸物件で発生しており、不動産の貸主や管理会社と借主（故人）の遺族や連帯保証人間のトラブルにもつながっていきます。

　貸主と借主間のトラブルでは、賃貸物件の原状回復に関する問題、孤立死や自死に伴う問題、相続や相続放棄に関する問題など多岐にわたり、遺品整理事業者や特殊清掃事業者が対応できる範疇を超える問題も多くあります。そうした現場では、弁護士をはじめとした各士業が事案に応じた対応をとる必要があり、不動産や相続を専門に扱う士業としては無関心ではいられない現状となってきています。

　本書は、遺品整理業や特殊清掃業に関してまったくの未経験者に向けて、遺品整理業をこれからはじめるにあたって必ず知っておくべき事柄をまとめたものとなります。また、既に遺品整理業や特殊清掃業を行っている事業者や相続等で遺品整理に携わることも多い士業に向けても多くのトラブル事例などを紹介していますので、事例を通して遺品整理業として行ってはいけないことや士業がサポートすべき部分など各々の仕事の一助としていただければ幸いです。

令和6年1月

遺品整理・死後事務専門行政書士　谷　茂

目　　　次

3　遺品整理業を行っていくうえで必要な提携先について

第2章　遺品整理の依頼

第3章　遺品整理のトラブル事例

第4章　相続業務を手がける士業視点からみた遺品整理業務

第5章　実際の遺品整理現場での参考事例や相談事例

コラム

第1章
遺品整理業を
始めるための事前準備

1 遺品整理業を始めるにあたって必須の資格や許可・届出は必要ない

　意外に思われるかもしれませんが、遺品整理業を始めるにあたって必ず取得しておかなければいけない資格などはありません。また、必要な開業届出等は別として、遺品整理業を始めるために必要な許可や届出等もありません。したがって、極端な話「明日から遺品整理事業者になる！」と思ったらすぐにでも始められてしまうのが「遺品整理業」です。

　しかし、資格も許認可も不要とはいえ、遺品整理業を行っていくうえで持っていると便利な資格や許認可はありますので、代表的なものを確認していきます。

(1)　一般廃棄物収集運搬業の許可

　まず、遺品整理業を始めるうえで一番最初に考えるのが「『遺品』とは何か？」ということです。遺品とは、簡単に言ってしまえば「遺品整理を行う部屋にある、故人が生前に持っていた家財や家具」です。故人が生きていた時点では普通の家財や家具ですが、亡くなった後は「遺品」と呼び方が変わっているだけで、物としての価値や性質が変わっているわけではありません。生前にそれらの家財や家具を処分する場合は「可燃ゴミ」「不燃ゴミ」「粗大ゴミ」といった分類で自治体の決めたルールで処分することになりますが、それらの所有者が死亡して家財や家具が遺品と呼ばれる状態になったとしても、その処分方法が変わるわけではありません。

　つまり、生前であろうと死後の遺品となった後であろうと、その家財や家具の処分方法というのは住んでいる地域の自治体のルールに従って処分する必要があり、一般家庭から出される廃棄物（可燃ゴ

ミ・不燃ごみ・粗大ゴミ等）は、各自治体が許可を出した回収事業者しか回収してはいけないという法律上の規制があります。

そこで、一般家庭から排出される廃棄物を回収できるように各自治体が出す許可が「一般廃棄物収集運搬業の許可」であり、原則この許可を有していない事業者が一般家庭から出されたごみなどを回収するのは違法となります。なお、町中でよく見かける大音量で巡回しながら不用品を回収している軽トラックや空き地を利用して自転車や家電を回収しているケースは、自治体の許可を得ずに違法に回収している可能性が高いです。

（出典：環境省のパンフレット https://www.env.go.jp/recycle/kaden/tv-recycle/qa.html）

遺品整理業を始めるうえで一番必要とされる許可は、「一般廃棄物収集運搬業の許可」といえるでしょう。一般廃棄物収集運搬業の許可を持っている場合は、許可を受けた自社のトラックに遺品である家具等を積んでそのまま自治体が運営するクリーンセンター等の処理施設へ搬入することができます。これは、遺品整理業を行ううえで非常に大きなメリットともいえます。なぜなら、遺品整理を行った際に出てくる処分しなくてはいけない家財や家具を他社の手を借りずにすべて自分達だけで処理することが可能となるからです。

　他社の手を借りないということは、それだけでコスト面で価格を抑えることができ、依頼者にも安くサービスを提供できるようになり、結果的に価格競争力が強くなることで依頼の受注につながることになります。また、遺品整理の日程等を決める場合にもすべて自社のスケジュールだけで決めることが可能となり、依頼者が遠方から来ているようなケースで葬儀の間しか現地に滞在できないといった日程に余裕がない場合であっても、柔軟な日程調整が可能となります。

　しかし、一般廃棄物収集運搬業の許可は基本的に申請しても許可が下りないことが多く、許可を希望したとしても取得するのが非常に難しいものとなっています。一般廃棄物収集運搬業の許可は、後で説明する産業廃棄物収集運搬業の許可と異なり、必要な要件を満たしていたとしても許可が下りるとは限りません（産業廃棄物収集運搬業の許可は必要な要件を満たしていれば許可が下ります）。これは、廃棄物の処理及び清掃に関する法律第7条第5項に次のような定めがあるからです。

　市町村長は、第1項の許可の申請※が次の各号のいずれにも適合していると認めるときでなければ、同項の許可をしてはならない。
一　当該市町村による一般廃棄物の収集又は運搬が困難であること。
二　その申請の内容が一般廃棄物処理計画に適合するものであるこ

と。
　三　その事業の用に供する施設及び申請者の能力がその事業を的確
　　に、かつ、継続して行うに足りるものとして環境省令で定める基準
　　に適合するものであること。
※第1項の許可の申請…各自治体へ申請する一般廃棄物収集運搬業の
　許可申請のこと

　条文に「同項の許可をしてはならない。」とあるように、1～3号
のいずれにも適合していなければ一般廃棄物収集運搬業に関する許可
を自治体は出してはいけないことになっています。では、1～3号の
要件を満たせばよいのではないか、と思われますが、1号および2号
の要件については、申請者側ではコントロールできない要件となって
います。簡単に言えば、申請先の自治体において一般廃棄物の収集運
搬をする事業者が足りておらず、各家庭から出されるゴミ等を回収す
る事業者が不足している状況でかつ、自治体の廃棄物処理の計画に合
致する場合でなければ許可をしてはいけないということになります。
　つまり、申請者側がどれだけ一般廃棄物収集運搬業の許可を必要と
し、事業を始めるのに必要な準備を入念に行ったとしても、自治体側
で「一般廃棄物の回収業務は現在いる事業者だけで十分足りている」
と判断されてしまえば許可は下りないということになってしまうわけ
です。一般廃棄物収集運搬業の許可は自治体側に強い裁量権が認めら
れているため、遺品整理業を始めたいと考えている事業者側がどれだ
けその許可を必要としていたとしても許可が下りるかどうかは自治体
の判断に委ねられてしまうということになります。では、許可の申請
をしても無駄なのかというとそうではなく、自治体によって許可の判
断が異なるということです。
　現在は既存の事業者だけで一般廃棄物の収集業務は問題なく行えて
いるとしても、永続的にその状況が続くわけではありませんし、場合

によっては自治体の廃棄物処理計画の見直し等で一般廃棄物の回収事業者が新たに必要となることもあるでしょう。ですので、遺品整理業を始めるにあたり一般廃棄物収集運搬業の許可の取得を考えた場合は、各自治体に新規許可の可能性を確認してみるのも一つの方法です。

　自治体の窓口によっては、「新規の許可を出す予定はない」とあっさり断られるケースもあれば「申請内容を確認してからお答えします」という回答をされるケースもあります。ただし、自治体の窓口対応として実質的に新規許可は出せないが、建前上申請自体は受付しなければいけないので、とりあえず受付だけはするという対応も考えられます。どうせ許可が下りないなら時間の無駄を避けるため最初から新規許可は出ないと言ってもらいたいところですが、もし不安な場合は各自治体のエリアで一般廃棄物収集運搬業の許可を専門に取り扱っている行政書士に相談してみてください。その地域での新規許可の可能性について詳しく知っており、相談の時点で新規許可が下りるかどうかについてアドバイスをしてくれます。

(2)　産業廃棄物収集運搬業の許可

　産業廃棄物収集運搬業の許可は、事業活動に伴って生じた廃棄物の収集運搬を行う際に必要となる許可となります。この許可は、飲食店のゴミや建築資材の廃材など回収できる品目は多数に及びますが、一般家庭から出る家財や家具等の遺品を産業廃棄物として回収することはできません。前述のとおり、一般家庭から出る廃棄物を回収できるのは「一般廃棄物収集運搬業の許可」だけです。

　産業廃棄物収集運搬業の許可は、一般廃棄物収集運搬業の許可とは異なり、必要な要件さえ満たせば許可は下りるため、取得しやすい許可ともいえます。

　しかし、遺品整理事業をこれから始めようと考えている人にとって必須の許可なのか、と問われれば必ずしも必要とはいえない許可とも

いえます。むしろ、自治体によっては「産業廃棄物収集運搬業の許可では家庭内のゴミは回収できません」と広報しているケースもありますので、産業廃棄物収集運搬の許可を全面に出した遺品整理の広告などを出してしまうとマイナスのイメージを持たれてしまう可能性すらあります。

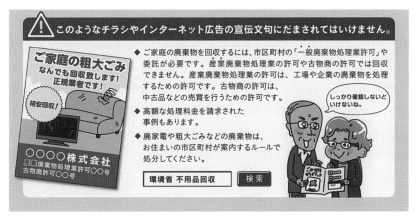

（環境省のページより抜粋：https://www.env.go.jp/content/900534097.pdf）

　では、産業廃棄物収集運搬業の許可は取らないほうがよいのかとなると、答えが変わってきます。実際に遺品整理業を行っていると様々な遺品整理のケースに出会います。一般的な遺品整理のケースでいえば、依頼者は故人の遺族というケースがほとんどかと思われます。しかし、なかには賃貸物件の管理会社や個人のオーナーから遺品整理の依頼を受けるケースもあり、自治体によっては、遺品整理の依頼者が賃貸物件のオーナー（貸主・大家）や管理会社のような場合では、遺品整理で廃棄される家具や家財を「産業廃棄物」と判断する自治体もあります。

　つまり、依頼者が管理会社やオーナーの場合は、遺品整理で廃棄される家財や家具は賃貸経営という事業に伴って排出された廃棄物であり、一般廃棄物ではなく産業廃棄物であるといった考え方です。当

然、依頼者が賃貸物件の管理会社やオーナーであったとしても住んでいたのは普通の住人であり、家財や家具も通常の生活用品であることには変わりはありません。ですので、本来なら一般廃棄物とし処理されるべきものが、依頼者が変わるだけで取扱いが産業廃棄物になってしまうのは何だか変な感じがします。しかし、これが遺品整理ではなく夜逃げのようなケースで室内に放置された残置物を次の入居者に貸し出すために処分するというのであれば、確かに賃貸経営（事業活動）を行っていくうえで出された廃棄物なのだとすんなり納得できるのではないでしょうか。

　遺品整理業を行っていくうえでは産業廃棄物収集運搬業の許可は必ずしも必須とはいえません。しかし、遺品整理業を行っていく場合に、すべての依頼者が一般の遺族とは限らずなかには賃貸物件の管理会社やオーナーからの依頼というケースも出てくるでしょう。そうした場合に備えて産業廃棄物収集運搬業の許可を持っておくというのは無駄にはならないとも考えられます。

　ただ、実際に賃貸物件の管理会社等から依頼を受けた場合に産業廃棄物収集運搬の許可がなければ遺品整理を実施できないのかというと、そういうわけではありません。実際に私は多数の管理会社やオーナーからの依頼を受けて遺品整理を実施していますが、自治体の考え方としては、基本的に一般廃棄物収集運搬業の許可で回収してもらいたいが、賃貸物件の管理会社等からの依頼なら産業廃棄物収集運搬の許可で回収しても問題ないという回答が多いように感じます。

　遺品整理を行う地域によっては自治体が所有する処分場の処理能力が弱く、遺品整理のような大量の家財を一度に持ち込まれてしまうと処分場の処理能力が追い付かなくなってしまうことがあります。そのため、一般廃棄物ではなく産業廃棄物として処理するよう言われる場合もありますが、そうした場合以外は基本的には一般廃棄物として処理可能なケースがほとんどかと考えられます。

　遺品整理を行っていると一般廃棄物と産業廃棄物のどちらで処理し

たほうがよいのか迷うケースにぶつかることもあるかと思いますが、その場合は遺品整理を実施する自治体のゴミ対策課等へ電話で確認してみるのが一番です。自治体としても遺品をはじめとした廃棄物について適切に処理してほしいと考えていますので、確認すればどのように処理を進めるのがベストなのかを丁寧に教えてくれます。

(3)　古物商の許可

　遺品整理の現場には、まだまだ使える日用品や家電製品、その他希少価値のありそうな美術品などが残されていることが多くあります。そうした中古品を取り扱うにあたり、古物営業法で定められている古物を売買もしくは交換する際に必要となるのが古物商の許可です。もし、これから遺品整理業をはじめようと考えている方が、「遺品を買い取ったうえで、さらにそれを再販売して利益にしたい」や「遺品整理費用から買い取り価格を差し引いて依頼者の金銭的負担をできる限り減らしてあげたい」といった方法で遺品整理を行いたいと考えている場合は古物商の許可が必要となります。

　遺品整理業を始めるうえで古物商の許可は必須ではありません。しかし、遺品整理の現場では購入から1～2年しか経っていない家具や家電、壺や掛け軸、茶器等の骨董品、絵画や釣り具などの趣味の品など様々なものが出てきます。もちろん、そうした価値のある品を依頼者が持って帰ってくれるというなら古物商の許可はいりませんが、依頼者のなかには買い取りを希望される方も沢山います。

　買い取りの理由は様々で、「同じ物が自分の家にもあるので2台もいらない」「置いておく場所がないので買い取ってもらいたい」「少しでも遺品整理費用の足しになるのなら買い取ってほしい」など、依頼の経緯や依頼者の状況によっても変わります。買取商品が増えればそれに応じて処分する廃棄物が減ることにもなりますので、依頼者が負担する遺品整理費用も減ることになりますし、買取価格を遺品整理費用に充てることで遺族の出費を抑えることにもつながります。また、

せっかく使える物をゴミとして処分してしまうというのは遺族感情としても残念に思うところでしょう。故人が大切にしていた物なら買取価格は安くてもよいので必要とする人の手に渡ってほしいと思われる人も多く、そうした事情から遺品整理事業者に遺品の買い取りを依頼する遺族は沢山います。

先の2つの一般廃棄物・産業廃棄物収集運搬業の許可のように、取得したくても取れない、許可を取る必要はないけれど持っていてもよいといった許可ではなく、むしろ遺品整理業を行っていくうえで必ず取得しておいたほうがよいといえる許可が古物商の許可といえます。古物商の許可があることで遺品の買い取り等でサービスに柔軟性が出ますし、依頼者との交渉によっては自社の利益アップにつなげることもできるでしょう。

近年は、遺品整理で買い取った様々の商品をまとめて古物専門の市場でオークションに出品したり、まとまった量を一度にコンテナで海外へ送り日本独自の家具や工芸品を海外のマーケットで売却したりすることで利益につなげている遺品整理事業者もいます。遺品整理事業者のなかにはリサイクルショップが経営母体というケースも多く、遺品整理で利益を図るよりもむしろ遺品のなかに眠っている価値ある一品を目的に副業的に遺品整理を行っているケースもありますので、自身の遺品整理の方向性に合わせて古物商の許可は取得すればよいかと思われます。

Column ·······························

悪徳遺品整理事業者と呼ばれないためのポイント

　遺品の買取りの際に実際には高価なブランド品や骨董品、年式の新しい家電製品などなのに、依頼者の知識不足を奇貨として不当に安く買い叩いたり、場合によっては買取りすら提案せずに黙って持ち帰ってしまったりする事業者の話を耳にします。

　遺品整理の現場では、故人が生前に多額の費用を掛けて収集した趣味の品や高価な装飾品等が眠っていることも珍しくはありません。しかし、たとえ高価で貴重な品であっても興味のない相続人にとっては、その他の処分する家財と同じように見えており、その価値や貴重性に気づいていないことがほとんどです。そうした依頼者の知識や関心の薄さを利用して自社の利益を優先するか、商品の価値や貴重性を説明したうえで買い取り提案を行うかで「頼れる遺品整理事業者」と呼ばれるのか「悪徳遺品整理事業者」と呼ばれてしまうのかの分かれ目になるともいえます。

　もちろん、買取行為だけが優良か悪徳かを決めるポイントになるわけではありませんが、お金に関しての部分は依頼者にとっても敏感になりやすい部分でもありますので、せっかく古物商の許可を得て買い取りを行うのでしたら、悪徳事業者とは呼ばれないようにしたいですよね。

Column ·······························

遺品を買い取れば自社の廃棄物として
処理してもよいのか？

　遺品整理業を行ううえで一般廃棄物収集運搬業の許可があると非常に有利であることは説明したとおりですが、遺品整理業を行っているすべての個人や企業が許可を有しているわけではありません。そうした場合は、許可を有している事業者と業務提携を行い、遺品整理の現場へと個別の回収を依頼したりして対応することになります。

　しかし、個別回収には当然提携先の事業者が決めた配車費用や処分費用を支払う必要が出てきてしまいますし、また、許可事業者の休日は、自治体の処理施設の休日に連動していることも多いため、作業依頼が集中する土日祝日は許可事業者が稼働していないといったことも珍しくはありません。そうした事情から試行錯誤した結果、遺品整理現場にある遺品をいったんすべて遺品整理事業者にて買い取ったことにして、自社の所有物として回収した家財等を処分すればよいのではないかと考える事業者が出てきました。

　一般廃棄物収集運搬の許可が必要なのは遺品整理等で出た家庭内の不用品を処分するために必要なのであって、自社のごみを処分するだけなら許可はいりません。つまり、遺品整理現場の家財類をいったん依頼者から買い取ってしまえば、所有権はすべて遺品整理業者に移るのだから、自分の物を処分するために許可はいらないという論理です。自社の所有物なら自社のトラックで事務所等へ運んでも違法にはなりませんし、持ち帰った不用品を処分する際も自社のごみを運ぶだ

けなら許可はいりませんので、民間の廃棄物処理施設へ自由に持ち込めることになります。そうすれば、一般廃棄物の許可事業者への支払いをする必要もなく、また土日祝日であっても自社のトラックで運搬できることになりますので遺品整理の日程を自由に調整することも可能となります。ただし、こうした遺品を買い取ったうえでの作業が合法かと言われればかなりグレーに近い行為でもあり、お勧めできる方法ではありません。

　実際に同様の方法で遺品整理を行っていた事業者が遺品整理サービスを紹介する新聞記事に載った際に、地域の一般廃棄物収集運搬の許可を有している許可事業者から「無許可営業をしているのではないか！」との通報を受けて市町村の当局が事情聴取や指導を行ったという事例もあるとのことですので、合法とは言い切れない手法であることは確かです。遺品整理事業者がいくら買い取ったと主張したとしても、遺品整理現場には生ごみや使いかけの調味料、腐った食品なども当然ありますので、これらも買い取ったと主張するのはさすがに苦しいものがあります。また、買い取ったと主張したとしても実際には依頼者からは買い取り費用を大きく超える遺品整理作業に関する報酬を受け取っているわけですから、規制当局によって買い取り品ではなく廃棄物だったと事実認定されてしまえば違法性を問われる可能性も出てきます。

　遺品整理現場は多種多様であり必ずしもこうした方法が違法と認定されるわけではないですが、違法性を問われる可能性もあることを認識したうえで行う必要があるでしょう。

(4) 一般貨物自動車運送事業許可・貨物軽自動車運送事業届出

　遺品整理業を行っていると、依頼者から「形見分けとしてタンスを運んでほしい」「この家電は自宅で使いたいので運んでもらえないか？」といった相談を受けることがあります。遺品整理の現場にあるものがすべて処分する家具や家財ばかりとは限りません。遺品のなかには思い出のある品もあれば、買取りにはせずに依頼者が自分達で使用したいと考えている家具や家電製品などもあるでしょう。

　そうした思い出の品やまだ使える家電などの小さい物であれば依頼者が自分で持ち帰ることができますが、大物家電（冷蔵庫や大型テレビ等）や大物家具（婚礼家具や高価な桐タンス等）などとなった場合は、依頼者が自分で車に積んで持ち帰るというのは普通の人には難しいでしょう。このような配送依頼は珍しいケースではなく遺品整理の現場では頻繁に起こりうることでもあり、依頼者から大物の家具や家電の配送を頼まれた場合はどうするのか、遺品整理業を始める前に予め決めておかなければいけないことの一つとなります。

　では、依頼者から家具や家電の配送を頼まれた場合に、遺品整理の資材等を運ぶための自社のトラックに家具や家電を積んで運んでしまってもよいのかという疑問が出てきます。

　まず大前提として、他人からの依頼に応じて運賃をもらい自動車で家具や家電といった貨物を運ぶ場合には許可や届出が必要となります。街中で見かける緑色のナンバーのトラックや黒色のナンバーが付いた軽自動車が対象になります。つまり、遺品整理の業務の一環として「形見分け配送」や「高齢者の施設入所に伴う家財移動」などを自社の所有するトラック等で行いたいと考えた場合は、「一般貨物自動車運送事業許可」や「貨物軽自動車運送事業届出」を行っておく必要があり、無許可・無届でこうした業務を行った場合は違法となります。

　例えば、引っ越し事業が経営母体となっている遺品整理事業者の

ケースでは、一般貨物自動車運送事業許可をもともと取得しているため、こうした配送業務も新たな負担なく行うことも可能となります。しかし、許可を持っていない遺品整理事業者が形見分け配送の業務を請け負う場合は十分な注意が必要となります。

　これから新規に遺品整理業を始めようと考えている人はどのように形見分け配送等の業務を受ければよいのかというと、一番明瞭なのは自社で許可や届出を行って形見分け配送を行える体制を整えておくことです。しかし、一般貨物自動車運送事業許可は車両の保有台数などの要件もあり、いきなり車両を複数台用意するのは難しいケースもあるでしょう。貨物軽自動車運送事業届出なら複雑な要件はなくすぐに取得できますが、今度は運べる家財の大きさの制限が出てきてしまいます。大物家具や家電を数点程度なら問題ないでしょうが、形見分け配送品が必ずしも登録車両に収まるとも限りませんので、そうした事態に備えた準備はやはり必要となります。

　遺品整理業を行っているとなんでも自社で解決したいという考えにとらわれがちですが、配送業務を担うために準備する車両や整備費用等と実際に形見分け配送等でもらえる費用については十分検討しておく必要があります。遺品整理の依頼すべてに形見分け配送等の依頼があるわけでありませんので、少ない配送依頼に対して、毎年固定で掛かる経費を支払うだけの価値があるのか、場合によっては配送依頼については外注してしまったほうが自社の負担は少なくなるのではないか、といったことは考えておく必要があります。

　筆者自身も何度となく遺品整理の依頼のなかで形見分け配送等の依頼を受けていますが、基本的にはすべて外注にしています。大事なのは、依頼者のもとに安全で確実に形見分けの品等を届けることであり、依頼者側の考えとしては、荷物が無事届けばその運び主が誰であっても問題はないと考えていることがほとんどです。

　しかし、依頼者は家具や家財を運ぶのに誰にどのように頼んだらよいのかわからない、または、遠方に住んでいるのでそうした手配を自

分達ではできないからその部分を代わりに行ってほしいと考えている
ケースが多くあります。したがって、遺品整理事業者としては依頼者
に代わって家具や家財の配送の準備（梱包作業）や発送業務（配送業
者との立ち合いや引き渡し）を担うことで依頼者の負担を減らすこと
ができれば依頼者の期待には十分に応えることができていると筆者は
考えます。

　一般貨物自動車運送事業許可や貨物軽自動車運送事業届出は、持っ
ていれば遺品整理業を行ううえで非常に強い武器となりますが、業務
を行うための必須の許可・届出ではありません。遺品整理を行ってい
くうえでの企業規模や遺品整理の依頼先の属性などを踏まえて取得す
るかどうかを決めればよいかと思われます。

(5)　特殊清掃現場を取り扱ううえで必要な資格

　「特殊清掃」とは、決まった定義があるわけではなく、一般的に孤
立死や自死、殺人、火災等が起きた部屋の清掃や原状回復を行う業務
と考えられています。

　では、「特殊清掃」を始めるにあたり、何か特別な資格が必要かと
いうと、これまでの許可や届出と同様で、国に対して行うような特別
な許可などは必要とされていません。しかし、特殊清掃の範囲を孤立
死した人や動物が放置されたことで発生する体液や糞尿の清掃と捉え
た場合は、清掃作業の方法について特許を取得している団体があるた
め注意が必要です。

　例えば、長期間遺体が放置された部屋の清掃のように、現在一般的
な遺品整理事業者や特殊清掃事業者が行っている清掃方法はこの特許
に含まれる清掃方法を使用している可能性があり、特許法第79条の先
使用権が認められない会社は特許侵害にあたる可能性があります。

　つまり、これから新規に特殊清掃を行っていこうと考えている人
は、自社で行う清掃方法が特許に抵触するのかどうかや特許に関わる
清掃方法を取り入れる場合は、ライセンス料の支払いが自身の営業へ

の影響などに与えることを考慮して特殊清掃を業務に加えるか否かを検討する必要があります。

　また、特許を取得している団体以外にも特殊清掃や消臭方法に関する講座開設や認定資格を発行している複数の民間団体がありますが、こうした団体では特許に記載されている方法が必ずしもすべての特殊清掃や消臭方法に該当するわけではないという見解に立ち特殊清掃の方法や消臭作業の講習等を行っています。ですので、これから特殊清掃を業務として行っていこうと考えている人は、どのような清掃方法が特許侵害にあたる清掃方法なのかを事前に確認しておく必要があるでしょう。

　特殊清掃に関する特許についても、各団体からは無効審判の請求を行う動きもあり今後特許の有効性も含めて争われていく可能性もあるため、特殊清掃を業務に加える事業者はライセンス料を支払ったうえで特殊清掃を業務に加えるのか、または自身のスキルアップなども含めてこうした特許を持つ団体以外の団体へ加盟し、加盟団体の方針のもと特殊清掃を行っていくのかなど、各団体がどのような考えのもとで活動をしているのかをしっかり見極めていく必要があります。もし、自らが行う予定の特殊清掃の方法が特許侵害になるのかどうか心配な場合は、知的財産権の専門家たる「弁理士」または知的財産権の問題を専門に扱う「弁護士」に相談するとよいでしょう。

　遺品整理現場、特に特殊清掃が必要となるような現場では、室内は死臭や腐敗臭が充満し、血液や腐敗した体の一部や体液が散乱していることも珍しくはなく、また、そうした現場では遺体の腐敗に伴って、蛆虫やハエなどの害虫も大量に発生しており通常の遺品整理とは全く異なった状況となっています。当然、遺品整理作業を行うにあたっても近隣への影響や作業の手順も通常の遺品整理とは異なってきますし、少しの不注意で近隣との大きなトラブルや賃貸物件の貸主や依頼者に多大な損害を与えてしまう可能性も出てきます。特殊清掃が必要とされる遺品整理現場ではどのようなトラブルや損害が起きうる

のかといったことは第2章でも解説しますが、少なくとも資格がいらないからといって、何の知識もなくできる程、特殊清掃業務というのは簡単ではないということは頭に入れておく必要があります。

　これまで、遺品整理や特殊清掃といった業務に携わってきた人が独立開業をするというケースならまだしも、畑違いの分野から遺品整理業界へ飛び込もうという人は、開業予算が許すのなら民間団体主催の講座等を利用して特殊清掃に関して学んでおくのも選択肢の一つであると考えます（筆者は民間の講座や資格取得を勧めているわけでありません）。

※　特殊清掃に関する特許については、一部の団体では特許無効審判も視野に対策を検討している状況でもありますので、本書が発刊された時点で特許の扱いに関して大きな動きがあることも予想されるため、特殊清掃を今後行っていこうと考えている人は各自でも最新情報の収集をする必要があります。

(6)　建設業の許可

　遺品整理を行うのに建設業の許可がいるのかと言われれば基本的には不要となります。しかし、前述のように特殊清掃を遺品整理の業務の一環として行う場合は注意が必要となります。

　通常の遺品整理では、家財を運び出して清掃を行って完了となるケースが多く、建物自体に何か手を加えるといったことは少ないかと思います。せいぜい大きなタンスを運び出す際に邪魔になる階段の手すりを外したり、故人が設置した後付けの棚を外したりする程度でクロス等の壁紙やフローリング等の床材を剥がしたりはしないでしょう。

　しかし、特殊清掃が必要なケースでは、遺体が長期間放置されたことで腐敗した遺体から漏れ出た血液や体液が壁材や床材に染み込んでしまうことがあるため、効果的な消臭作業を行うには汚損部分の除去が必要となってきます。そうした場合には、必然的に壁紙や床材などを剥がしたうえで消臭作業やリフォーム工事を行うことになります

が、このような行為は工事の規模や請負金額によっては建設業の許可等が必要となってきます。大規模なリフォーム工事を伴うケースでは、遺品整理事業者がもともと賃貸オーナーと付き合いのある工務店であるなど、事業者自身が建設業の許可を有しているケースも多いですが、そうではなく建設業の許可等を有していない遺品整理事業者が大規模な解体やリフォーム工事を請ける場合は、許可を有している工務店等とタッグを組んで取り組む必要が出てきます。

　また、近年の大気汚染防止法の改正により解体・改修工事を行う際には、その規模の大小に関わらず解体や改修を行う部分すべての部材について石綿（アスベスト）含有の有無の事前調査が義務化されました。上記の調査は解体工事の延床面積や改修工事の請負金額によって報告義務が課されていますが、報告義務が課されない規模の工事であっても事前調査は必要とされています。

※　畳や電球等でアスベストが含まれていないことが明らかな場合や、釘抜きや釘打ちなどの材料に極めて軽微な損傷をしか及ぼさない工事、既存の材料等の撤去を行わず新たな材料を追加するのみといった作業の場合は、アスベストの事前調査は不要とされます。

　さらに、令和5年10月1日以降に着工される工事の場合、アスベスト調査は有資格者が行う必要があり、遺品整理事業者が単独でそうした調査を行うことは難しいため、特殊清掃等で室内の解体工事を伴うようなケースでは、工務店等とも協力して適切に作業を進めていく必要が出てきます。特に平成18年9月以前に建てられた古いマンション等では建材にアスベストが使用されている可能性があるため、特殊清掃やそれに伴う改修工事を行うようなケースでは、自分はもとより従業員を守る意味でも大事な調査となってきます。また、健康面以外にも違反業者には直接的な罰則も規定されているため、知らなかったでは済まない部分となってきますので建設業の許可等のいらない軽微工事の場合であっても注意が必要となってきます。

2 遺品整理業を行ううえで必要な知識

　これから解説する遺品整理に関する知識のほとんどは、遺品整理業を行ううえで必須の知識ともいえるものであり、知らなければすべて自身の業務にマイナスの影響を与えてしまいます。

　特に相続や相続放棄に関する知識があやふやなままで特殊清掃が必要となる現場の処理を行ってしまうと、依頼者側に取り返しの付かない損害を与えてしまう可能性があります。特に注意の必要な知識に関しては別の章でも詳細に解説しますが、まずは遺品整理業を行っていくうえで必要となる知識の全容を見ていくことにしましょう。

(1)　相続に関する基礎知識

　遺品整理業を行っていくうえでまず押さえておきたい知識として、相続に関する知識が挙げられます。なぜなら、遺品整理の特性上依頼者の多くが遺族であるため、遺品整理と相続は切っても切れない関係となっているからです。

　忘れがちなことですが、遺品整理は不用品回収とは異なりいらない家財や家具を処分すれば終わるという単一の仕事ではありません。数多くの相続手続や遺産整理のなかの一つとして行われているのが遺品整理という作業であり、遺品整理が終わったとしても相続全体で見れば一つの作業が終わったに過ぎず、遺族にとってはまだまだ相続手続の真っ最中であり通過点でしかありません。遺品整理事業者としては、依頼者の希望どおりに遺品整理を終えることができれば、責務は果たしたといえます。

　しかし、遺品整理事業者としてだけの立場にとらわれずに、遺品整理とは数多くある相続手続の一つに過ぎないという認識を持って業務

にあたることで、遺品整理の前後の注意点にも目が届きやすくなり、依頼者が見落としてしまっている部分などに関してもアドバイスが可能となってくるでしょう。遺品整理業務は、不用品回収業務と作業内容的には非常に似通った内容かもしれませんが、目の前の不用品を処分すれば依頼者の困りごとがすべて解決となる不用品回収業務と、相続手続のなかの一つに過ぎない遺品整理業務ではおのずと業務を行ううえで注意すべき点や知っておくべき知識というものが異なってきます。

　不用品回収業務ではこれらの基本的な知識を獲得しておくことで、単なる不用品を回収するだけの遺品整理ではなく本当の意味で依頼者の求めに応じることができる遺品整理サービスが提供できることになります。

①　依頼者は遺品整理の依頼をできる立場なのかどうか

　遺品整理の依頼には、特有のキャンセル理由があります。せっかく見積もりで現地まで足を運び、家財の分量や敷地周りの状況等を確認して見積もりを提示、依頼者から「それでお願いします」という作業依頼をもらったのに、後日「すいませんが、依頼をキャンセルさせてください」という連絡が入るとガクッとします。

　遺品整理特有のキャンセル理由として多いのは、「兄妹から反対された」「他の親戚に反対された」からというものです。遺品整理では、通常の不用品処分のように処分品の持ち主が一人で処分するかどうかを決められないケースがあります。例を挙げるなら、ひとり暮らしをしていた父親が亡くなったので、長女が遺品整理を依頼したところ、他の兄妹が猛反対したといったケースです。長女が自己の所有物を処分するのでしたら、他の兄妹が反対する理由はなく、また処分することに対して口出しをすることはなかったでしょう。しかし、事例のような父親の遺品整理の場合は事情が異なり、父親が持っていた家具や家財に関して長女はもちろんのこと他の兄妹も相続人としての権利を

有しています。

　相続人が長女と他の兄妹合わせて３人の場合、相続に関する権利はそれぞれ３分の１ずつ持っていることになり、遺品の処分を長女がひとりで決めてしまうことはできないことになります。

　このような事例では、実際のところ他の兄妹は相続人で自分にも相続人としての権利があるからという理由で反対しているのではなく、父親の子どもとして、長女が勝手に父親の荷物や実家を処分することに心情的に反対しているだけのケースがほとんどです。しかし、他の兄妹が長女の決定に異を唱えることに理由をつけるとすると、相続財産でもある父親の家具や家財を長女が一人で処分することは認めないということになるわけです。

　こうした事情で一度は決まった遺品整理の依頼をキャンセルされることはままあることで、実際に相続権を有している相続人だけではなく相続人でもない故人の兄弟姉妹（おじ・おば）が横から口を出してきて遺品整理に反対するというケースも珍しくはありません。

　そうした遺品整理を行うことへの反対が、具体的に相続人が誰で、実際に遺品整理を行う権限を有しているのが誰なのかということまで深く考えて反対しているわけではなく、単に家族や親戚の一員として、そんなに慌てて故人の遺品整理を行わなくてもよいのではないかなどの心情的な理由から反対しているに過ぎません。

　ただ、遺品整理事業者の立場としては、実際に目の前にいる依頼者が故人とどういった関係でどのような権限を持って遺品整理の依頼をしてきているのかというのは必ず確認しておかなければいけません。

　例えば、遺品整理の依頼で故人の兄妹からよくある依頼で、故人が未婚で配偶者や子どもがいないため、兄妹が遺品整理を依頼してきたというなら問題ありません。しかし、兄妹から遺品整理の見積もり依頼があり、現地見積もりをしている際に故人の生活や家族関係などを聞いているなかで、故人には相続人となる子どもがいるという話が出てきた場合は話が変わってきます。

●相続人の順位

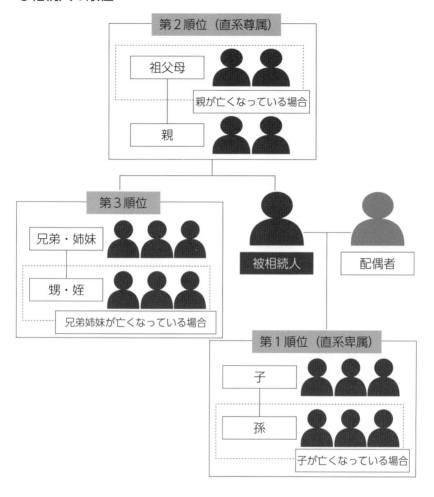

相続では、図のように相続人になる順番が決められています。

配偶者がいる場合は、配偶者が必ず相続人となり、

第1順位の相続人として、子どもや孫などの直系卑属

第2順位の相続人として、第1順位の相続人がいない場合に両親や祖父母などの直系尊属

第3順位の相続人として、第1・第2順位の相続人がいない場合に

兄弟姉妹（兄弟姉妹が先に亡くなっている場合は甥姪）の傍系血族となります。

　法律では、相続人となるべき人が誰なのかは相続人となる順番も含めて定められています。

　前ページの例のように、故人の兄妹から遺品整理の見積もり依頼を受けて、打ち合わせのなかで故人に子どもがいることが判明したとなると、今目の前で話をしている故人の兄妹は故人の家族ではあるけれども、実際には相続人ではなく故人の遺品に対しては何らの権限も有していない可能性があります。もちろん、事前に相続人となるべき故人の子どもとも話をしており、現役世代で日中は仕事をしている子どもよりも故人の兄妹のほうが時間の都合が付きやすいため、見積もりや遺品整理作業の立ち合いを子どもに代わって行っているという事情なら問題ありません。

　ただ、そうした依頼のなかには相続人となるべき人と何も打ち合わせもしていない状況で依頼をしてきているというケースもあります。その事情は様々で、「相続人となるべき子どもが長年音信不通でどこにいるのかわからない」「故人に認知した子どもがいることは知っているが、連絡先を知らなければ会ったこともない」といった事情を抱えて依頼してくることもあります。このような本来の相続人ではなく遺品に対して明確な処分権限を有していない人から依頼を受けた場合は、後々トラブルに発展することも考慮して依頼を受けるかどうかを検討しなければいけません。遺品整理の現場が賃貸物件や事故現場のような緊急性を要するような現場でなければ、見積書を渡したうえで「相続人となるべき人の許可をもらってご依頼ください」という形にしてもよいでしょう。しかし、遺品整理の現場が緊急性を要するような場合やそもそも相続人となるべき人物の所在がわからないといった状況では、そうした方法も取れませんので、最終的には依頼者の責任において遺品整理の依頼をしてもらう形を取ることになります。

遺品整理事業者の立場としては、後から相続トラブルに巻き込まれないように、遺品整理に関する業務発注書や依頼書等に相続人からの苦情申立てがあった場合は「依頼者が責任を持ってすべて対応する」といった内容の一文を入れておき、万が一本来の相続人と依頼者との間で遺品整理をめぐってトラブルが発生したとしても、そのトラブルに巻き込まれないように自衛手段を講じておく必要があります（同様の問題は親族だけではなく、内縁や同姓のパートナーからの依頼のケースでも発生します）。

② 相続放棄の効力について

遺品整理業を行っていて頻繁に遭遇するのが、相続放棄を検討している人からの依頼です。特に遺品整理の現場が賃貸物件で特殊清掃を必要とする事故案件のようなケースでは、相続人が負担する原状回復費用や損害賠償といった貸主側から遺族への請求金額が相続人の支払い能力を超えてしまうことがあるため、相続人がそうした支払い義務から免れるために相続放棄を選択するというケースが出てきます。

そうした相続放棄を検討している人からの遺品整理の依頼に関する注意点は第2章でより詳細な解説をしますが、ここでは相続放棄の基本的な効力と注意点について解説しておきたいと思います。

相続放棄については、民法第915条には次のように規定されています。

> 1　相続人は、自己のために相続の開始があったことを知った時から3箇月以内に、相続について、単純若しくは限定の承認又は放棄をしなければならない。ただし、この期間は、利害関係人又は検察官の請求によって、家庭裁判所において伸長することができる。
> 2　相続人は、相続の承認又は放棄をする前に、相続財産の調査をすることができる。

③　相続放棄をした相続人は故人の権利や義務を一切承継しない

　相続放棄の効力として一番大事なのが、故人の権利義務を一切承継しないということです。権利義務を具体的にいうなら、銀行の預貯金債権などのプラスの財産や、借金や賃貸物件の原状回復義務といったマイナスの財産のことになります。

　一般的に相続放棄は、故人が多額の借金を抱えているような場合に相続人がその借金の支払い義務から免れるために行うイメージがあるかと思いますが、相続放棄で放棄される権利義務については、借金のような金銭的支払い義務に限らず、賃貸物件を退去する際の原状回復義務なども相続放棄によって相続人はその負担から解放されることになります。

　遺品整理の現場では、自死や孤立死といった原状回復に多額の費用が予想されるようなケースにおいて相続人の負担が大きくなりすぎるため、相続人がその支払いを免れるために相続放棄を選択することがあります。もちろん、相続放棄によって放棄されるのは借金や原状回復の義務だけではなく、プラスの財産に関しても放棄してしまうことになるため、故人が預貯金などを有していても相続放棄をした場合、相続人はそれを承継することはできなくなります。

　相続人が相続放棄をした場合は、極端な話「私は相続放棄をしたので後のことは一切知りません！」と言って、遺品整理等の手続きを一切しなくてもよいということになり、仮に賃貸物件を利用していた故人の遺族が相続放棄をしてしまうと、室内の家具や家財はそのまま放置されてしまう可能性があります。これは賃貸物件の貸主からすると非常に困った状況でもあり、「家族なら最後まで責任を持って片付けろ！」と言いたくなるところですが、そうした事情も含めて民法では相続人に相続放棄を認めており、相続放棄をした遺族に対して貸主は何も主張できなくなってしまうことになります。故人が多額の借金を抱えていた場合や遺品整理の現場が事故案件のようなケースで遺族へ

の損害賠償等が高額になることが予想される場合に遺族の最後の手段となるのが相続放棄というわけです。

④　相続放棄をする場合は３か月以内に家庭裁判所で手続きをしないといけない

　相続放棄は、権利義務を一切合切放棄できるという非常に強い効力を持つ反面、厳格な手続きも要求されています。そのうちの一つが、相続放棄ができる期間が決められているということです。二つ目が家庭裁判所にて相続放棄の手続きをしなければいけないということです。

　賃貸物件の貸主からの相談で多いのが「相続人は相続放棄すると言っているが、遺品はこちらで処分してしまってもよいのか？」といった相談です。貸主が相続人に代わって遺品を処分してよいかの是非はいったん置いておくとして、問題は「相続人は相続放棄すると言っている」という部分です。相続人がいくら相続放棄をすると言っていても、口で言っているだけでは本当の意味での相続放棄にはなりません。法律上では、家庭裁判所で相続放棄の手続きをせずに相続開始から３か月を経過してしまった場合は、いくら相続人が相続放棄をすると言い、実際に相続財産から１円ももらっていなかったとしても、「相続した」ことになります。

　貸主側の視点から言えば、いくら相続人が相続放棄をすると言っていたとしても、家庭裁判所で３か月以内に相続放棄の手続きをしていない以上、相続人は相続人としての地位をもはや放棄できなくなり、遺品整理や原状回復費用を請求できる相手となるわけです。遺品整理会社としては、遺族と貸主の双方からこうした相談を受ける可能性がありますので、遺族からの相談なら３か月の期間内に家庭裁判所での相続手続が必要であること、賃貸物件の貸主からの相談なら、遺族に相続放棄をしたことを証明する資料をもらうことなどをアドバイスできるようにしておく必要があります。

　ただし、相続放棄の具体的な手続きの方法や申請書類の書き方等を

遺族に説明する行為は一部の士業にしか認められていない行為であり、資格を有していない人が個別具体的な説明をしてしまうと違法性を問われてしまう可能性がありますので注意してください。もし相続放棄に関して相談された場合は、一般的な内容のアドバイスに留め詳しいことは提携の弁護士や司法書士に相談するように案内するのがベストな対応といえるでしょう。

⑤ 相続放棄は相続順位に従って順番に相続放棄をしていかなければ全員が相続放棄したことにはならない

　相続放棄は、相続人のうち誰か一人が行えば相続人全員に相続放棄の効果が及ぶというものではなく、相続人が相続放棄を考えた場合は相続人が個人個人で相続放棄の手続きを取る必要があります。また、相続放棄は相続順位に従って行っていく必要があり、先順位の相続人がいる場合は後順位の相続人は相続放棄の手続きを行うことができません。

　例えば、父親が死亡した場合に、故人の親族として子ども（第1順位の相続人）と故人の兄妹として弟（第3順位の相続人）がいたとします。この場合は、第1順位の故人の子どもが相続放棄をしない限り、第3順位の故人の弟はいまだ相続人になる可能性があるだけで相続人にはなっていないことになります。故人の子どもの相続放棄が完了することで第3順位の故人の弟は相続人としての順番が回ってくることになりますので、そこから3か月以内に家庭裁判所で相続放棄の手続きをとることになります。

　遺品整理の現場では、故人の子どもなどの一番はじめに相続放棄すべき人が相続放棄をしたことで相続人全員の相続放棄がすべて終わったと勘違いされているケースがよくあります。実際には第2順位、第3順位の人も相続放棄の手続きをしていかないと故人の借金等の責任を負わされてしまう可能性があるのにそれに気付いていないというケースは珍しくありません。

もし、遺品整理の現場でそうした遺族に出会うケースがあれば、専門の士業に相談することを勧めてあげてください。あなたの一言が遺族を不測の事態から救う一言になるかもしれません。

⑥　相続放棄をした相続人は相続開始時から相続人でなかったものとして扱われる

　自死や孤立死といった事故案件のように特殊清掃を必要とする遺品整理現場の依頼者からよくある相談の一つとして「今、相続放棄の手続中なのですが、相続放棄の手続きが終わってから遺品整理をしたほうがよいのでしょうか？　それとも先に遺品整理を行ってしまってもよいのでしょうか？」というものがあります。

　専門の遺品整理事業者でも誤った説明をしてしまいがちな部分ですが、相続放棄の効力の観点から見ると、相続放棄前に行う遺品整理でも相続放棄後に行う遺品整理でもどちらも一緒という結論になります。そもそも相続放棄をする以上は、相続放棄をした人は相続人ではなくなり、遺品に対してなんらの処分権限を有しないことになります。処分権限を有していない以上は遺品整理をしてはいけない立場にあるともいえます。

　ただ、相続放棄をする人が絶対に遺品整理ができないのかと問われると、必ずしもそうではなく、本来処分権限を有していない遺族があえて遺品整理を行う場合には、遺品整理を行わない場合に比べてリスクが発生することを知ったうえで遺品整理を実施する必要があるということです。だったら、相続放棄をする前に遺品整理を行い、遺品整理が終わった後に相続放棄の手続きを始めればよいのではないかと考えるかと思います。

　遺品整理事業者のなかにはこのような質問に対して「相続放棄をしてしまうと室内の家財について相続人としての処分権がなくなってしまうので、相続放棄前に遺品整理を行ったほうがいいでしょうね。」と説明するケースがあるようです。確かに先の相続放棄の効力の説明

のとおり、相続放棄をすることで遺族は相続人ではなくなり、故人の権利義務を一切承継しないことになります。権利義務を承継しないということは当然、遺品整理の現場に残されている家具や家財についての権利も失っていることになりますから、相続放棄をしてしまうと遺品の処分はできなくなります。そうであるなら、権利義務が残っているうちに遺品整理を行ってしまい、遺品整理が終わった後に相続放棄をすればよいのではないかという考え方です。

　残念ながらこれは間違った考え方であり、相続放棄の規定には次のようにも規定されています。

民法第939条
　「相続の放棄をした者は、その相続に関しては、初めから相続人とならなかったものとみなす。」

　これは「相続放棄の遡及効」という相続放棄の効力の一つです。簡単に言えば、相続放棄をした相続人は相続が始まった時点（故人が死亡した時点）から最初から相続人ではなかったものとするという規定です。

●相続放棄の遡及効

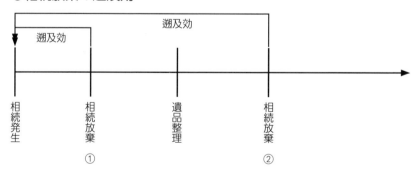

※　相続放棄の遡及効によって、遺品整理前後に関わらず相続放棄をした者ははじめから相続人ではなかったものとして扱われる。

図に記載してあるとおり、相続放棄の手続きをしようと思った場合
は必然的に故人が亡くなったことを知ってから行うことになります
（相続放棄は生前にはできません）。ただ、相続放棄には民法第939条
のの条文のとおり「遡及効」があるため、相続放棄の手続きは故人の
死亡後に行ったとしても、相続人は相続放棄をすることで、相続発生
の初め（故人の死亡時点）から相続人ではなかったことにされます。

　つまり、遺品整理を相続放棄前にする場合でも相続放棄の手続き完
了後にする場合であっても、相続人が相続放棄をする以上は最初から
相続人ではなかったことにされるため、結局は相続人としての処分権
を有していない人が遺品整理をしたという結果になってしまうわけで
す。相続放棄をした遺族や相続放棄を予定している遺族は、相続放棄
の前後どちらで遺品整理を行うのかを心配するよりも、むしろ遺品に
対して処分権を有していない遺族が遺品整理を行う場合について注意
を払う必要があります。

⑦　相続放棄が認められた後でも相続人の行動によっては相
　　続放棄が無効とされる可能性がある

　遺族が相続放棄をした場合、故人が所有している遺品については何
ら権利義務も承継しないことになり、賃貸物件の場合は原状回復の一
環としての遺品整理の義務からも解放されることになります。仮に遺
族が相続人ではあるものの故人とは疎遠な関係で今後一切故人の手続
きについて関わりを持ちたくないという状況でしたら、「相続放棄を
した以上、後は一切知りません」というスタンスで問題ないでしょ
う。

　しかし、相続放棄に絡んだ依頼はそうした単純なケースばかりでは
ありません。故人が賃貸物件に住んでいた場合に遺族が相続放棄を検
討しているようなケースで一番多い相談が次のようなものです。

　「故人の部屋には消費者金融等からの督促状がたくさん届いており、
借金の額も多そうなので、遺族は全員相続放棄をするつもりです。し

かし、これまでお世話になった大家さんにも迷惑を掛けるわけにはいかないので、遺品整理だけはしておきたい。どうしたらよいのでしょうか？」

　似たような事例で、相続放棄をする理由が特殊清掃等の必要な事故案件であり、多額の原状回復費用等が発生しそうなため、というケースもあります。そうした事故案件での対処方法については第2章にてより詳細に解説することにして、ここでは、相続放棄したうえで遺品整理を行う際の一般的な注意点について整理しておきたいと思います。

　本来相続放棄をした以上、遺族は何らの権利義務も承継していませんので、故人の遺品整理をする必要もなければしてはいけない立場となります。しかし、実際の遺品整理現場では相談事例のように、相続放棄をしたうえで遺品整理もしておきたいという要望はかなりの件数にのぼります。遺品整理事業者としては、当然1件でも依頼の数を増やして売上につなげていきたいところではありますが、相続放棄をした遺族からの依頼を受ける場合は遺族にもリスクが生じますので、そのリスクを説明したうえで、それでもなお遺品整理を依頼するかどうかの判断を遺族にしてもらう必要があります（具体的な相続放棄のリスク等については司法書士等から説明してもらいましょう）。

　では、相続放棄をした遺族が遺品整理を行うとどういったリスクが生じるのかというと、遺族が行った相続放棄が「無効」とされてしまう危険性があるということです。相談事例のように遺族が故人の相続をそのまま受け入れてしまうと多額の借金等の負債を抱えることになってしまう場合は、それを避けるために相続放棄を行います。しかし、相続放棄をした遺族の行動如何によっては、せっかく行った相続放棄が無効とされたり、これから相続放棄を行う予定だった遺族の相続放棄ができなくなったりする可能性が出てきます。

　なぜそのようなことが起きるのかというと、民法には次のような法定単純承認という規定があるからです。

第921条

　次に掲げる場合には、相続人は、単純承認をしたものとみなす。

　一　相続人が相続財産の全部又は一部を処分したとき。ただし、保存行為及び第602条に定める期間を超えない賃貸をすることは、この限りでない。

　二　相続人が第915条第1項の期間内に限定承認又は相続の放棄をしなかったとき。

　三　相続人が、限定承認又は相続の放棄をした後であっても、相続財産の全部若しくは一部を隠匿し、私にこれを消費し、又は悪意でこれを相続財産の目録中に記載しなかったとき。ただし、その相続人が相続の放棄をしたことによって相続人となった者が相続の承認をした後は、この限りでない。

　条文を簡単に説明すると、単純承認とは、相続をすることを認めたという意味であり、相続人は単純承認をすることにより故人の権利義務を無限に承継するということになります。民法第921条に定める「法定単純承認」とは、第1項から第3項までに定められた行為をした場合、その行為を行った相続人は自動的に相続を認めたものとみなされるという内容です。つまり、相続放棄をする予定の相続人であっても法定単純承認事由にあたる行為をしてしまうと自動的に相続人とされてしまい、いったん相続人とみなされた以上は相続放棄できなくなってしまうということになります。

　遺品整理の作業において一番問題となるのは、遺品を処分する行為が民法第921条第1項にいうところの財産処分にあたるかどうかです。遺品のうちどういった物を処分したら財産処分にあたってしまうのかは条文で細かく列挙されているわけではなく、「相続人が相続財産の全部又は一部を処分したとき」と記載されているだけです。したがって、何が相続財産の処分に該当するのかは個別に判断していかなけれ

ばならず、相続放棄を予定している遺族が遺品整理を行う場合には頭を悩ませる種となってしまいます。

　遺品整理は極端な話、故人の家具や家財を処分する行為ですので、相続財産の処分にあたるようにも思えます。ただ、冷蔵庫の腐りやすい食品やごみ箱のごみを捨てる行為も相続財産の処分にあたるのかというとそうではありません。例えば、形見分けの範疇を超えるような経済的価値の高い遺品を遺族が持ち帰ってしまう場合や他人にあげてしまうといった行為は相続財産の処分に該当する可能性が高くなるとされています。

　このことに関して遺品整理事業者として注意すべきなのは、遺品整理事業者のなかには遺品の買取代金を遺品整理に掛かる費用と相殺して請求することで遺族の負担を減らしていくという方法を採っている事業者もいるという点です。その場合、相続放棄が絡む遺品整理の際は絶対に遺品の買取行為はしてはいけません。なぜなら、買取りをするということは、当然それが市場価値を持っている遺品であるということになり、市場価値のある遺品を遺品整理事業者に売却する行為は相続財産の処分に該当してしまう可能性が高いからです。もちろんすべての買取り行為、例えば数十円～数百円の買取金額が相続財産の処分に該当するのかと言われれば、相続財産の処分にはあたらないと判断される可能性もあるでしょう。しかし、あくまで可能性の問題であり、実際には相続財産の処分と判断される可能性が少しでもあるなら、依頼者が不利益を被らないためにも遺品整理事業者として買取り行為は控えるべきものと考えます。

　そうした経済的価値のある遺品とは反対に、日常的に使用している衣類や何十年も使用してきた一般的な家具や家電等については、経済的価値がないと判断される可能性が高く、たとえ遺品整理で処分したとしても相続放棄に影響する可能性は少ないと考えられています。ただ、経済的価値の有無や相続財産の処分に該当するかどうかといった内容はあくまで個別で判断していくことになるため、すべての遺品整

理現場で共通する判断基準というものがありません。遺族が相続放棄で故人の負債等を免れる反面、遺族が相続放棄をすることで不利益を被る人間が必ずいることになります。

　先ほどの相談事例でいえば、借金の督促状を出している債権者などがそれにあたりますが、そうした人たちから見れば、相続人が相続放棄をしていなければ故人の借金を相続人へ請求できることになります。また、たとえ既に相続放棄をしていたとしても法定単純承認事由に該当する行為を相続人が行っており、既に行った相続放棄が無効とされれば債権者としては相続人へ請求を掛けていく可能性はゼロではありません。

　このように、故人が残した遺品の価値によっては、遺品整理が故人の財産処分とみなされてしまう可能性があり、相続放棄を予定している遺族にとっては不測の事態を招くことになりかねません。したがって、相続放棄した遺族やこれから相続放棄をする予定の遺族から遺品整理の依頼を受ける際は、こうした危険性があることを説明し、必要であれば専門家等に相談して財産リストの作成や遺品整理時の状況を詳細に画像等で残しておくなどの専門家の指導のもとで遺品整理を行う必要があることを伝えたうえで、本当に依頼するかどうかを決めてもらう必要があります。

　遺品整理事業者のなかにはこうした危険性を知らずに相続放棄案件の遺品整理を行っている場合や、悪質な場合は危険性があることを知ったうえで自社の売り上げを優先して遺品整理を強行している会社もあります。これから遺品整理業を始めようと考えている人は、相続放棄と遺品整理の関係と危険性については熟知しておく必要があるといえるでしょう。ただし、遺品整理事業者としては受けるべき遺品整理の依頼なのかどうかの判断基準とするために知っておく必要があるというだけでこれらの内容を依頼者にこと細かに説明する必要はありません。

　遺品整理と相続放棄の関係は非常に難しい部分でもありますので、

不確かな知識で説明するよりも、遺品整理事業者としては、相続放棄と相続放棄をしたうえで遺品整理を行うことに関して相談に乗ってもらえる専門家を紹介できる準備をしておくことがより重要になります。

⑧　相続放棄をする予定の相続人であっても故人の財産調査（遺品整理をする部屋での調査）は行っても問題ない

　「相続放棄を予定しているのですが、故人の部屋に入って必要なものがないか確認してもよいのでしょうか？」という相談をよくされます。こうした相談は前述の法定単純承認にあたるのかどうかを心配されての相談となります。遺族としては、相続放棄をするつもりで行動しており、相続放棄をする以上は何もする必要がないことも知っています。しかし、何もする必要がないことを知ったうえで故人の室内に入って遺品を調べる行為が「法定単純承認」にあたるのではないかと心配しているわけです。

　相続放棄を予定している遺族であっても故人の室内の確認や財産調査などを行っても問題なく、故人の室内で行った財産調査等が相続放棄に影響することはありません。相続放棄の要件として、相続開始から3か月以内に家庭裁判所で手続きを行う必要があると説明しましたが、この期間は「熟慮期間」と呼ばれ、相続するかどうかを考える期間でもあります。相続するかどうかを判断するには当然故人の資産状況等も含めて考える必要があるわけで、故人の資産状況等を確認するには故人の室内に残された遺品を確認する必要が出てきます。

　したがって、相続放棄をする予定の遺族であっても、故人の正確な財産状況がわからなければ相続するかどうかを決めることは難しく、正確な財産状況を把握するためにも故人の室内へ立ち入ることは必要な行為となります。

　もしかしたら、室内での財産調査の結果、遺品のなかから当初は予想もしていなかった遺産が見つかり、相続放棄を止めて相続する方向へ変わるかもしれません。実際に筆者が過去に手伝ったケースでもそ

うした事例はいくつもあります。

　しかし、注意が必要なのは室内に残っている物を持ち出すような場合です。例えば、財産調査のために入った故人の室内で銀行の通帳を発見したとします。ただ、通帳の記帳の履歴が古くて現在の残高がわからないということもあるでしょう。そうした場合は、銀行のATMで記帳を行って現在の残高を確認することになります。この記帳行為自体は問題ありませんが、記帳行為を超えて室内に残されていたキャッシュカードや暗証番号のメモなどを用いて残金を引き出したり、室内に残されていた現金や貴金属を持ち出して自分のものとしてしまうような行為は財産処分とされてしまうため、相続放棄を予定している人は行ってはいけません。

　遺品整理事業者としては、相続放棄するかどうか迷っている遺族からとりあえず遺品整理にいくらくらい掛かるのかを知りたいので、遺族が現地確認する際に合わせて見積もりに来てほしいと呼ばれるケースもあるかと思われます。そうした場合に遺族が室内で見つけた通帳の記帳などで悩まれているようでしたら、上記のような説明をしてあげると相続人の財産調査がスムーズに行えることになります。

⑨　相続放棄をしたうえで遺品整理を行う場合に室内から現金などが見つかった場合

　相続放棄を検討している人は室内に残っている現金などを持ち出さないほうがよいと書いたところではありますが、相続放棄をしたうえで遺品整理を行う場合に室内に貴重品等が残されていた場合はどうすればよいのでしょうか。

　遺品整理の現場が賃貸物件のような場合ですと、遺品整理後は貸主へ返却しなければなりませんので、現金などが出てきた場合にそのまま室内に置いておくことはできません。とはいえ、遺族の口座等へ入れてしまうと故人の財産と遺族の財産が一緒になってしまうことから、法定単純承認事由である相続財産の処分となってしまうため、基

本的には見つかったままの状態で保管することになります。

　では、いつまで保管しておけばよいのかという問題になりますが、一般的には１〜２年程度保管しておき、借金などについて誰も何も言ってこなければ処分すればよいといわれています。しかし、より安全な方法を求めるなら債権の消滅時効（５年または10年）が過ぎるまで保管しておくことになります（債権の消滅時効は令和２年４月１日以降かそれより前の借入れかによって変わってきますので、詳しくは専門家に相談するように案内してください）。

⑩　遺品整理と直接関係のない相続相談

　遺品整理の現場では、多額の現金が見つかった場合や分骨して手元供養していた骨壺などが見つかったりすると、遺族は一緒に遺品整理をしているスタッフへついつい相談してしまうものです。例えば、以下のような相談です。

　「このお金って遺品整理をしている私がもらってもいいですよね？」

　「見つかった遺言書ってどうすればいいの？」

　「この骨壺のお骨は誰が引き継ぐものなのでしょう？」

　もちろん、相談されればできる限り力になってあげたいと思いますが、相談内容によってはかなり専門的な知識が必要となる部分もあります。遺品整理事業者として大事なのは、相談内容にその場ですぐに答えられることではなく、正しい知識に基づいて正確に答えられることです。場合によってはその場での回答は保留して専門家に確認してから改めて返事をしたり、提携している専門家を紹介したりといった対応になるかもしれませんが、それが正しい対応といえるでしょう。

(2)　廃棄物処理に関する知識

　前述のとおり、遺品整理を行ううえで遺品をどのように処分していくかは常に考えておく必要があります。基本的な遺品整理の場合でしたら一般廃棄物として処理することになりますが、依頼者の属性や自

治体独自の処分方法によっては必ずしも一般廃棄物として処理できないケースも出てきます。また、同じ一般廃棄物であっても地域によっては可燃ゴミや不燃ごみの分別方法が異なっており、A市では可燃ゴ

●名古屋市のゴミ分別の例

（https://www.city.nagoya.jp/kankyo/cmsfiles/contents/0000066/66330/R4.3_01
（P1_P8）gomigenryoshigenkagaido.pdf）

●小牧市のゴミ分別の例

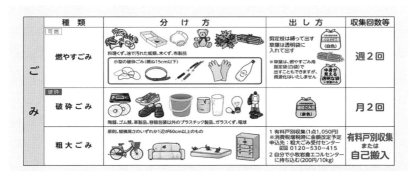

（http://www.city.komaki.aichi.jp/material/files/group/21/nihon202004.pdf）

ミであってもＢ市では不燃ゴミとして扱われるというケースも珍しくはありません。

　遺品整理を行う際は遺品整理事業者独自の分別方法で分けていくと思われますが、基本的には遺品整理を行う自治体の分別に従った形で分けていくことが多いでしょう。大まかな分け方でいうと「可燃ゴミ」「不燃ごみ」「資源ゴミ」「紙ゴミ」「小型家電」「粗大ゴミ（大物家具等）」「家電リサイクル対象品」「電池・ライター・スプレー缶等の危険物」「リサイクル商品（買取り商品や資源となる金属ゴミ等）」といった形で分けることが多いかと思います。

　廃棄物のなかでも特に遺品の大半を占めるのが「可燃ごみ」と「不燃ごみ」になりますが、この分別方法が自治体によって様々です。例えば、筆者の活動範囲である名古屋市と小牧市では同じ愛知県内であっても次のような違いがあります。

　ＣＤやＤＶＤ、タッパーなどのプラスチック製品は、名古屋市では可燃ごみ扱いとなっていますが、同じ愛知県内の小牧市では破砕ごみ扱いとなっており、同じプラスチック製品であっても燃やすことができる物とそうでない物に分けられているのがわかるかと思います。これは、自治体が有する処分場の能力や自治体の廃棄物処理計画の方針等で変わってくることになり、遺品整理事業者としてはそうした事情で自治体独自の分別方法があることを知っておかなければいけません。

　ある特定の自治体だけで営業する場合ならともかく、通常は事業所の本拠地から隣接県くらいは営業の範囲とされるでしょうし、会社の規模によっては全国で遺品整理を行っていくことも想定されます。そうした場合に一つの地域の分別方法だけに従って分別していると、当然他府県では分別不十分として引取りを拒否されてしまうことになりかねません。遺品整理現場から出てきた廃棄物を自社のトラックに積み込んで自治体の運営するクリーンセンター等へ搬入する場合（一般廃棄物収集運搬業の許可が必要）であっても、自治体によってはトラックから降ろす前に職員が分別方法等を細かくチェックし、分別が

不十分だったり、自治体で回収できない物が混ざっていたりすれば持ち帰りを指示されます。

　また、地域の一般廃棄物収集運搬業の許可を有している廃棄物の回収業者と提携して遺品整理の現場まで回収にきてもらう場合であっても、廃棄物の回収事業者は許可の関係上、遺品整理の現場で積み込んだ廃棄物を回収事業者の営業所に持ち帰らずに、そのままクリーンセンター等の自治体の処分場へ持ち込むケースも多くあります。そうした場合は、自治体の処分場で降ろせる形で分別がなされていないと、回収事業者が持ち帰らざるをえなくなってしまうため、分別が不十分な場合はそもそも遺品整理の現場で回収を断られてしまう可能性があります。分別不十分とされた物が一袋や二袋程度ならその場で分別し直して持っていってもらうこともできますが、最初から間違った分別方法で梱包してしまうと、極端な話最初からやり直しという可能性も出てきます。そうなってしまうと当然、遺品整理の完了予定日や完了予定時間等にも狂いが生じてきてしまい、依頼者にも多大な迷惑を掛けることになります。

　遺品整理を依頼する遺族によっては遠方から遺品整理の立ち合いのためだけに他府県から来ていることもあり、午前中に終わる予定の遺品整理が夕方まで掛かってしまったとなると、依頼者としても日帰りの予定が宿泊しないといけなくなってしまい予定外の出費や負担を強いることになりかねません。そのような予想外のトラブルに備えて日程や完了予定時間に余裕を持ってもらうよう伝えておくのも大事ですが、一番大事なのはそうしたトラブルが起きないように遺品整理事業者として最低限自治体の分別方法がどうなっているのかを確認しておくことです。

(3)　特定家庭用機器再商品化法（家電リサイクル法）

　特定家庭用機器再商品化法（以下「家電リサイクル法」という）と

は、一般家庭や事務所から排出された家電製品（テレビ、冷蔵庫・冷凍庫、エアコン、洗濯機・衣類乾燥機）から有用な部品等をリサイクルに回し廃棄物の量を減少させるとともに資源の有効利用を促進するための法律です。ほとんどの遺品整理現場では同法の対象となる家電製品が処分品として出てくることになります。

　場合によっては、故人が生前に処分せずにずっと倉庫に保管していたブラウン管テレビなどが複数台出てくるといったこともあり、遺品整理事業者としては見積もり時に見落とさないように注意しなければならない項目でもあります。テレビや冷蔵庫といった家電リサイクル商品の難しいところは、その他の家具や家電と異なり、メーカーごとに決められたリサイクル料金を支払ったうえで適切に処分することが求められていることです。

　また、家電リサイクル法の対象となる家電製品の場合でも、その回収にあたっては家庭から出された廃家電であれば「一般廃棄物収集運搬業の許可」、事業者から出された廃家電であれば「産業廃棄物収集運搬業の許可」が必要となることに変わりありません。ただし、家電リサイクル法の対象となる廃家電については、家電リサイクル法による廃棄物処理法の特例規定により、小売事業者であっても収集運搬が可能なケースがあります。

　家電リサイクル法上の小売事業者とは、卸売業を除いた家電4品目（テレビ、冷蔵庫・冷凍庫、エアコン、洗濯機・衣類乾燥機）の小売り販売を業として行う者とされており、家電量販店、地域電機店、家電の取扱いのあるホームセンターなどがこれにあたります。また、遺品整理会社自体が家電4品目を扱うリサイクルショップを運営している場合もこれに該当しますし、リサイクルショップ等の店舗を構えていない場合であっても遺品整理の依頼者の求めに応じて家電4品目を含む家電製品を仕入れて販売するようなケースも家電リサイクル法上の小売事業者に該当します。

　自らが小売事業者に該当する場合は、一般廃棄物収集運搬の許可等

がなくとも家電4品目を回収することが可能となり、またその回収に掛かる収集運搬料金も自ら料金設定可能となります。ただし、家電リ

排出者からの引取り義務 …	「自らが過去に販売した家電4品目」又は「買換えの際に引取りを求められた家電4品目」は、排出者から引取りを求められたときは、排出者が排出する場所（排出者の家庭など）で、引取りを行う義務があります。
収集運搬料金の公表義務並びに収集運搬料金及びリサイクル料金の応答義務 …	収集運搬料金はあらかじめ決めておき、販売チャンネルに応じて分かりやすく公表する義務があります。また、収集運搬料金やリサイクル料金について問われた場合には、応答する義務があります。
製造業者への引き渡し義務（指定取引場所への持込み） …	排出者から廃家電4品目を引き取ったときは、指定引取場所に運搬し、指定取引場所において製造業者等への引渡しを行う義務があります。
家電リサイクル券の交付・管理・保存等義務 …	排出者から廃家電4品目を引き取ったときは、家電リサイクル券に必要事項を記入し、写し（排出者控）を排出者に交付する義務があります。また、その際、指定取引場所から家電リサイクル券の回付片を受け取り、3年間保存する義務があります。保存している回付片については、排出者からの閲覧の申出があったときには拒んではならないこととされています。

（https://www.meti.go.jp/policy/it_policy/kaden_recycle/shiryousyu/guidebook2021.pdf の14頁から抜粋）

サイクル法上の小売事業者には前ページ表中の4つの義務も課されることになりますので注意してください。

　遺品整理事業者がやってしまいがちな義務違反としては、遺品整理の依頼者である遺族から家電リサイクル料金と収集運搬に掛かる費用を徴収しているにもかかわらず、対象家電を指定の取引所等へ持ち込まず、再販売用の製品リユースにしたりその他の不用品回収事業者やスクラップヤード事業者に引き渡して処分したりするケースです。特に不用品回収業を行っていた人が遺品整理業も始めたケースにこうした義務違反が多く見受けられ、廃家電4品目の引取りをしたのに、エアコンの室外機だけ鉄くず改修事業者に売り渡すようなケースが典型的な例となります。

　また、遺品整理の依頼者からリサイクル料金を徴収しているにもかかわらず、自らが運営する店舗で再販するような場合は、詐欺罪などの罪に問われる可能性もあり、経営者の知らないところで、従業員が知らず知らずのうち違反行為をしているケースもあるので、リサイクル券の管理などには十分注意する必要があります。

　その他、遺品整理現場での家電リサイクルに絡んだ注意点としては、家電リサイクルの対象家電ではないのに、対象家電と誤認してしまうことです。例えば、パソコン用のモニターやプロジェクションテレビを通常のリサイクル家電対象のテレビと誤認する場合や冷風機や冷風扇をウインド型エアコンと誤認する場合などです。これらが家電リサイクル法の対象となる廃家電かどうかについては、「一般財団法人家電製品協会」にて一覧を公開しているので、これから遺品整理業をはじめようとする人は必ず一度は目を通しておく必要があります。

　また、同財団内に設置されている家電リサイクル券センター（RKC）に入会することで小売業者が家電リサイクル券（通称「グリーン券」）を発券することができるようになり、リサイクル料金を郵便局にて支払う「料金郵便局振込方式」に比べて手間や支払い方法で利便性が高まります。

遺品整理の現場では、依頼者が家電リサイクル法について詳しく知っていることは少なく、リサイクル料金が掛かることは知っていても、詳しい料金体系や回収方法については知らないことがほとんどです。見積書へリサイクル料金や収集運搬費をしっかりと記載している場合であっても、後々のトラブルを防ぐ意味でリサイクル料金がなぜ掛かるのかなどについては念のため説明しておくとよいでしょう。特にごみ屋敷や物屋敷と呼ばれる遺品整理の現場では、見積もり時に押入れの前に荷物が山積みで扉を開けられず、押入れの奥に眠っていた古いテレビや昔使っていたウインドエアコン等を発見できなかったというケースがよくあります。

　そうした場合であっても、リサイクル料金は遺品整理事業者の利益ではなく、家電リサイクル法で定められた料金であり、適正処分には必ず支払いが必要であることを説明しておくことで、見積もり時には見つけられなかったリサイクル家電が遺品整理当日に出てきた場合でも依頼者に納得してリサイクル料金を支払ってもらえることにつながります。もちろん、ごみ屋敷や物屋敷といった荷物で溢れている現場の見積もり料金の説明の際は、遺品整理の当日に見積もり時に確認できなかったリサイクル家電が出てきた場合は、追加料金が発生する可能性があることを上記の説明と併せて説明しておくことが大事です。

(4)　古物に関する目利き

　古物商の許可について解説した際にも書きましたが、遺品整理の現場では様々な種類の遺品に遭遇します。遺品整理の現場は、まさに故人の人生を色濃く反映している現場でもあり、遺品を見ることでその人がどのような人生を歩み、どういった生活を送ってきたのか、そして何に情熱を燃やしていたのかがよくわかります。そうした人間ドラマの凝縮しているような遺品整理の現場では当然、出てくる遺品も千差万別であり、遺品整理事業を始めると「え!?　なんでこんな物を持っているの？」とびっくりするような品々と遭遇することになるで

しょう。

　筆者自身も遺品整理を進めていくなかで、市営住宅のなかに一人用のサウナが設置されていたり、市街地の住宅なのに散弾銃のハンドロード（実包を手作業で制作する機器）が置いてあったり、古いアパートの押入れから太刀や軍刀、指揮官用サーベル等が大量に出てきたりと、ここでは紹介しきれないような様々な遺品と出会ってきました。そうした遺品のなかには、故人が生前に趣味や実益を兼ねて集めていたコレクションや先祖伝来の家宝、または特に意識して集めていたわけではないのだけれど実際にはすごい価値がある物といった品々が隠れていたりもします。それらの遺品の数々は往々にして一部の人にとってはもの凄い価値があるけれども、興味のない遺族にとってはただのゴミとして扱われてしまっていたりします。

　遺品整理事業者の役割は、そうした遺品の中に隠れてしまっている価値ある品を見つけ出し、遺族に知らせてあげることにほかなりません。

　遺品整理の現場で遺族がゴミとして判断してしまいがちな物の例としては、

• 古銭や古切手

• 書き損じハガキや軍事郵便

• 金歯・金杯

• 釣り竿類

• 古い茶器や花器、絵画などの骨董品

• 古い筆や硯、民芸品などの輸入品

• ブリキのおもちゃなどの古い玩具

• フィギュアや人形などのサブカルチャー商品

• 昭和ガラスなどの古民家に付属しているガラスや建具、ホーロ看板など

など、挙げたらきりがないのですが、遺品整理の現場というのは思っている以上に引き取り手の多い品が眠っていたりします。

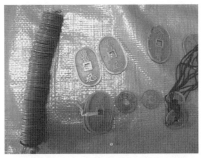

　古い家屋等を整理しているとタンスの引き出しから金歯が出てきた
なんてことはよくあります。依頼者に「金歯が出てきましたよ〜」と
伝えると、「歯なんて気持ち悪いから捨ててください」と言われたり
しますが、金歯であっても「金」には違いないわけで、買取り事業者
に持っていけばその時点での金相場に照らして買い取ってもらうこと
ができます。金歯の付属物として実際の歯が残っていたりもします
が、買取りショップにそのまま持ち込めばペンチ等で取り除いた後に
計量して金額を算出してくれたりもしますので、一つの袋にいくつも
の金歯が保管されているようなケースではそれだけで結構な金額に
なったりもします。

　また、釣り竿等も作りや来歴の良い物は１本で数十万の買取金額が
付いたりする品もあったりしますが、釣りに興味のない遺族からした
らただのゴミとして処分されてしまいがちなので注意深く見てあげて
ほしい部分でもあります。

　古い品はなにも単体の品物だけとは限りません。例えば、解体予定

の古民家の遺品整理を頼まれたような場合では、家の部材そのものが買取対象になったりと古い家屋そのものが価値を持っている場合もあります。そうした古民家の遺品整理を依頼された場合は、解体に着工する前に一度専門事業者に見てもらうことを依頼者に勧めてあげると、ただ壊して処分してしまうだけだった物が必要とされる人の手に渡ったり、場合によってはその古民家で使われていたガラスや建具を使用した古民家カフェなどに生まれ変わったりして普通の遺品整理を行うのに比べ何倍も感謝されることになったりします。

　もともとリサイクルショップを運営しており、仕入れの面から遺品整理も始めたという事業形態でしたらそうした知識も豊富でしょうから、自社の利益も考えて遺品整理の依頼者に対して買取価格の提示なども行うことができます。ただ、すべての遺品整理事業者が古物の価値に精通しているわけではないでしょうし、買取りを専門に行っている事業者であっても、得意分野や不得意分野は当然出てきます。遺品整理事業者としては、自らが買取りを行う、行わないは別として、依頼者にとってどのように遺品整理を進めたら喜んでもらえるのかを考える必要があります。

　遺品整理の買取りの場面では依頼者にも様々な事情があります。遠方の親族の遺品整理を任されてしまって、とにかく早期に遺品整理を終わらせて日常生活に戻りたいと考えている依頼者もいれば、遺品整理の現場の近くに住んでおり、日中は比較的自由な時間があるという依頼者もいます。

　前者にとっては、買取価格は二の次でいくらでもよいので遺品整理を優先してほしいというケースなのに専門の買取事業者を手配したり、別日に依頼者の立ち合いをお願いするのは依頼者の希望には沿いません。反対に、後者にとっては、中途半端に査定してもらうよりも専門家と昔話などを交えながらしっかりと査定してもらったほうが納得のいく結果になったりもします。

　遺品整理事業者は、古物に関する目利きも大事ですが、依頼者の希

望に沿った買取提案や専門事業者の紹介をできる体制作りをしておくことがなにより大事となると考えます。

⑸ 清掃に関する知識

　現在一般的に提供されている遺品整理のサービスでは、家財の搬出完了後に室内の清掃も遺品整理作業の基本作業の一つとして実施されているケースがほとんどかと思われます。また、遺品整理の現場がマンション等の集合住宅の場合であればエレベーターから現場の部屋までの共用部分、階段作業の場合でしたら現場から搬出先のトラックまでの各階の階段やスタッフが利用した移動経路といった部分も清掃を行ったうえで作業の完了としているのが一般的な遺品整理事業者です。

　不用品処分の会社では、こうした清掃作業は行わずに依頼者から回収を頼まれた古い家具や電化製品を回収したらそれで完了というケースも多く、遺品整理と不用品処分とでの作業内容の大きな違いともいえます。なぜ清掃を行うのかといえば、もちろん家財撤去だけしてほこりまみれの部屋で引渡しをするよりも簡易清掃であってもきちんと掃除をされた部屋を見せたほうが依頼者に喜んでもらえるというのもあるでしょう。しかしそれだけではなく、遺品整理と不用品処分とでは依頼者がそこに住んでいるのか、いないのかという大きな違いがあるからです。

　不用品処分のケースでしたら、基本的には依頼者の生活の本拠で不用品を回収しますので、多少のほこり等が残っていたとしても、依頼者自身が掃除機で掃除することもできます。不用品を安く回収してくれるのならば清掃は自分でやるので不用品回収事業者が掃除していかなくても気にしない、という人も多いかと思われます。反対に遺品整理の場合は、同居の親族の家財を部分的に撤去するといった作業でもなければ、依頼者と故人の家は全くの別物で、遺品整理が終わった後では故人の部屋にあった清掃道具等も遺品と一緒に運ばれてしまって

いるでしょうから、後から依頼者自身で掃除をするということもできません。

　一部の遺品整理事業者では、そうした事情を考慮せずに不用品回収と同じような作業をしてしまい、依頼者が後から清掃道具を改めて持ってきて掃除をしたという話も聞きますので、安かろう悪かろうの典型例ともいえます。もちろん、現場の家屋が取り壊し予定で依頼者から清掃は不要と言われたケースや、最後の掃除はこれまでの感謝の意味も込めて遺族で行いたいという要望があって清掃は行わなかったというケースもあるかと思います。要は遺品整理事業者として、依頼者にとってどのように引渡しを受けたほうが依頼者にとってベストなのかを考えてもらいたいということです。これから遺品整理業を始める人でしたら、遺品整理後の清掃として賃貸物件を退去する際に行われる一般的な清掃よりいくぶん丁寧な清掃を行うことを基本として、依頼者の要望に応じてより高度な清掃を行うハウスクリーニングの専門事業者を手配できるようにしておくとよいかと思います。

　遺品整理の依頼者のなかには、不用品回収のイメージから遺品整理後の清掃は自分達で行わないといけないのかと心配されている人もいます。そうした場合は、見積もり時に遺品整理会社でどこまで清掃を行うのかや、遺品整理後に賃貸物件の退去立ち合いが控えているような状況なら清掃も終わっているのですぐに退去立ち合いをしてもらえる状況になることなどを説明すると安心してもらえます。不用品回収とは異なり遠方から来ている遺族や親族にとって、ちょっとした清掃がもの凄い負担になっていることもあります。そうした遺族の負担や不安を少しでも軽くしてあげられることは遺品整理業の醍醐味の一つともいえます。

○　掃除のプロではなくても必要な知識はある

　遺品整理現場で一般的に行われている清掃といえば、遺品整理作業に従事したスタッフがそのまま室内清掃も担当する簡易清掃が多いか

と思われます。簡易清掃といっても、掃き掃除、掃除機掛け、フローリングの水拭きやキッチン、浴室、トレイ等の水回りの清掃などひととおりは行いますので、賃貸物件の退去の際の清掃と考えるなら十分な清掃内容といえるでしょう。こうした作業を行ううえではやはり専門事業者ほどの知識とまではいいませんが、必要最低限のクリーニング知識は欠かせません。

　例えば、清掃箇所の材質によっては使用してはいけないはずの硬質のたわしや研磨剤入りの洗剤を使用してしまい細かな傷を付けてしまう場合や高温のスチームで汚れを落とそうとしたら塗装まで剥げてしまった等、クリーニングの専門事業者ならやらないようなミスもスタッフの清掃に関する知識が不足していると起きてしまうことがあります。

　筆者自身も遺品整理会社に入ったばかりの頃にそうした知識が不足しており、消毒のつもりで撒いたアルコールの使用方法が不適切でフローリングのワックスが溶けてしまい、白い染みが大量についてしまったという失敗を経験したことがあります。幸いといってよいのかはわかりませんが、特殊清掃の現場でもありその家屋は解体予定でしたので、大きなトラブルとはなりませんでしたが、通常の遺品整理現場で同じ状況になっていたら依頼者から賠償を請求される事態だったと大いに反省することとなりました。

　それ以外にも、浴室の天井を掃除しようとして漂白系の洗剤を吹き付けたところ自分の目に薬剤が入ってしまい慌てて眼科に駆け込んだことや、トイレにこびりついた尿石を専用の薬剤を使用すれば簡単に溶かすことができたのに、そうした薬剤があることを知らずに必死にブラシで擦っていたことなど、今では考えられないような失敗をいくつもしてきました。

　「遺品整理事業者が行う掃除だから」、「掃除のプロではないので」、「簡易清掃になりますから」、と言葉を並べてみたとしても、不十分な清掃を超えて依頼者に損害を与えるような清掃はむしろ行うだけ害悪

となってしまう可能性もありますので、清掃に関しても最低限の知識は獲得しておく必要があります。最近は動画サイトなどにも専門家の掃除テクニックなどが広く公開されており、遺品整理事業者が行う範囲の清掃技術は十分学べると思いますので、しっかりとした知識と技術でもって遺品整理作業の締めとなる清掃作業を行ってください。

(6) 賃貸物件における原状回復と非弁行為について

　遺品整理の現場が賃貸物件の場合、遺品整理完了後に依頼者の遺族と賃貸物件の貸主（管理会社やオーナー等）との間で退去立会いが行われることになります。退去立会いでは、貸主側が部屋の明渡しを受けるにあたって残置物が残っていないかや物件の設備が誤って撤去されてしまっていないか、その他経年劣化やそれ以外で付いた汚損や損傷個所などのチェックを行ったうえで入居者側と原状回復費用等の清算の話し合いを行い、清算金額等の話し合いがまとまれば鍵を返却して退去完了となります。

　退去立会い自体は必ず遺族が立会いをしないといけないというものでもありませんので、遺品整理完了後に貸主側の担当者が室内を確認して、確認した内容に基づいて退去清算に関する明細を遺族へ送付してくるというケースもあるでしょう。また、遺族が遠方に住んでいるようなケースでは遺品整理の時点から立会い等は行わずに遺品整理会社に一任しているケースもあります。賃貸物件の退去立会い、とりわけ原状回復費用や負担割合をめぐってはトラブルになりやすい部分でもあり、退去立会いを行う遺族が女性や高齢者の場合は退去立会いに不安を抱えている場合もあります。

　そうした場合に、遺族から遺品整理事業者に対して「退去立会いに同席してくれないか」や「追加の費用は支払うので退去立会いの代行をしてほしい」といった相談をされることがあるかと思われます。退去立会いへの同席や代行を求められるということは、これまでの遺品

整理作業を通して信頼関係が築けており、この人なら信頼できると思われている証拠でもありますので頼りにされて悪い気はしません。

しかし、遺品整理事業者としてそうした相談にどこまで対応するのかという業務範囲は明確にしておかないと、後々大きなトラブルになってしまう可能性があるため注意が必要です。

一般的に退去立会いに同席を求めてくる遺族の希望としては、

① 一人だと不安だから誰か男性に傍にいてもらいたい
② 賃貸物件の退去に伴う原状回復についてはよく知らないので詳しい人にアドバイスしてもらいたい
③ 原状回復についてはよくわからないので、管理会社と原状回復の負担割合も含めて清算に関する交渉は全部お願いしたい
④ 遺族は遠方に住んでいるので退去立会いまで代行してもらいたい（立会いと鍵の返却のみを行い、清算に関しては貸主と遺族とで行ってもらうケース）

などを遺品整理事業者にお願いしたいと考えていることでしょう。

遺品整理事業者としても日頃から賃貸物件での遺品整理を行っているため原状回復に関する知識も一般の遺族よりは詳しいケースが多く、こうした依頼にも応えることはできるかと思われます。しかし、日頃から勉強も欠かさずこうした相談にもしっかり対応できるだけの知識を持っていたとしても、遺族に代わって賃貸物件の貸主と原状回復に関する交渉まで行ってよいとは限りません。

遺品整理事業者として、上で示した①のように退去立会いの場に同席することは問題ないと思われます。例えば、遺品整理の際に撤去し忘れた物があった場合や反対に撤去してはいけない物を撤去してしまっていた場合などは、退去立会いに同席することで管理会社等から指摘を受ければすぐに手直しができるようになりますので、遺品整理や室内清掃を担当した事業者という意味で同席することは問題ありません。

また、④のように遺族が遠方に住んでいるので貸主側のルーム

チェックの立会いと鍵の返却のみを代行し、原状回復費用や清算費用に関する話し合いは後日電話や郵便などで貸主と遺族との間で直接行ってもらうというケースも問題ないでしょう。ただ、②のように退去立会いに同席する場合は、貸主側と遺族との原状回復の話し合いの際に依頼者である遺族から意見を求められることがあります。意見を求められれば自然とそれに答えることになってしまいますが、その際には当然貸主側の担当者もそれを聞いていて、反対意見を述べてくることも予想されます。そうなってしまうと、依頼者に対してしたアドバイスが自然と貸主側への反対意見ととられてしまったり、言葉の応酬がエスカレートしてしまったりするとそれこそ③で示したような、遺族の代わりに遺品整理事業者が貸主側と交渉するような形になってしまっていたということもありえます。

　このような原状回復費用に関する話し合いにように、紛争性のある事柄に対して相手方との交渉ができるのは弁護士のみであり、それを定めているのが弁護士法第72条となります。弁護士以外の者が弁護士法72条の規定に反した行為を行うことを一般的に「非弁行為」や「非弁活動」と呼び、違法行為となります。

　同条のポイントとして、報酬を得る目的で仕事として行ったかどうかというところですが、報酬は金銭に限りませんし、仕事として行ったかどうかという部分も営利性までは必要なく、反復継続して行う意思があればこれに該当するとされています。つまり、遺品整理後の退去立会いの場での原状回復費用や清算金額についての貸主と遺族側の話し合いというのは、法的紛争性の可能性があり本来なら遺品整理会社としては立ち入ってはいけないものと考えられます。

　遺品整理事業者側としては、「報酬をもらっていない」や「こうした依頼はたまにしか受けていない」など、非弁行為に該当しないと主張するかもしれませんが、そうした非弁行為に該当しない理由を考えている時点で既に遺品整理事業者として超えてはいけないラインを一歩踏み出そうとしていることを自覚する必要があります。せっかく遺

品整理を依頼してくれた遺族のために少しでも力になってあげたいと思うのは大事ですが、その結果、遺品整理事業者自身が違法性を問われてしまっては本末転倒です。

　遺族から退去立会いを求められたような場合は、上で示した①や④の範囲での立会いならできるが、②や③のような行為はできないことをしっかり説明したうえで立ち会うようにしましょう。そして、貸主側と遺族の話し合いには口を出さずに、もし退去立会いの現場で遺族側が納得できていないようなら、「一度持ち帰ってご家族と検討されてみてはどうですか」とアドバイスしてください。

　賃貸物件の退去立会いは、貸主側のルームチェック時に残置物等がなく鍵の返却さえされていれば、後の問題は原状回復費用や清算金額に関する問題だけとなっていることがほとんどです。であるなら、何も退去立会いの場ですべての決着をつけてしまう必要もなく、鍵だけ返却して、原状回復費用や清算金額については一度持ち帰ったうえで後日返事をするとしても問題はないことになります。そして、退去立会いの際には、退去清算書等にサインはせずに一度持ち帰ったうえで家族や必要に応じて専門家等に相談してから、返事をするようにアドバイスすることで、遺品整理事業者も違反に問われず、依頼者たる遺族もいったん落ち着いて考える時間を持つことができるようになります。

　遺品整理事業者として可能な限り依頼者をサポートしてあげたいと思うことは大事ですが、違法行為に手を出してまでする必要のあることではありません。どこまでが遺品整理事業者が関われる範囲の問題なのかを事前にしっかり確認したうえで、できないことはできないと説明できる準備をしておくことが大事です。

Column ·····································

なぜ、賃貸物件の原状回復では
新品のエアコンまで撤去しないといけないのか？

　引っ越しを何度かしたことがあれば経験したことがあるか
もしれませんが、賃貸物件では退去する際に原状回復を求め
られます。原状回復の一つとして、もともと室内の設備とし
て備えられていた機器以外はすべて退室する際に借主側で撤
去するという内容も含まれています。

　例えば、もともとエアコンが付いていない部屋を借りた場
合に入居者が自費でエアコンを購入して取り付けた場合は、
退去する際はエアコンを取り外してエアコンがない状態に戻
す必要があるといったケースです。ただ、賃貸物件の場合は
短期間で引っ越しをするケースもあるでしょうから、「エア
コンを自費で設置したけれど急遽転勤が決まってしまい引っ
越しをしなくてはならなくなった。ただ、次の引っ越し先は
エアコン完備の部屋でこの部屋についているエアコンは持っ
ていっても使用できない」などのようなことも起こりえま
す。

　そうした場合に入居者が考えがちなのが、「エアコンを取
り外すのにもお金が掛かるし、まだ新品同然のエアコンだか
らこのまま部屋に残しておいて次の入居者に使ってもらえば
大家さんも喜ぶだろう」と考えてしまうことです。確かに新
品同然のエアコンが部屋に付いていれば、次の入居者はわざ
わざエアコンを買わずに済みますし、大家さんとしてもエア
コン設置の費用が浮き、もともとの入居者はエアコンの取り
外し料金を支払わなくて済むので貸主借主双方にとって良い

考えにも一見みえますが、実はそうとも限りません。不動産会社や個人のオーナーのようにアパートやマンション等の複数の部屋を管理する側としては、すべての部屋を同じ条件にしておきたいという要望があります。

　例えば、「101号室にはエアコンが付いているのに201号室にはエアコンが付いていないのは不公平だ！　エアコンを大家負担で付けてほしい！」と言われてしまうこともあれば、各部屋についているエアコンのメーカーが異なっていると故障した際の修理の手配を毎回違うところに出さなければならなくなったりと物件の管理がとても面倒なものになってしまうからです。ですので、貸主側としては新品のエアコンを残していかれることによって得られる利益とそれによって生じる管理の煩雑さを比較した場合に、管理が面倒になるくらいなら元の何も付いてない状態に戻してもらったほうが貸主側としては面倒がなく、余計な心配や手間を抱え込まなくて済むことになります。入居者側としては新品のエアコンなら大家さんも喜ぶだろうと考えているかもしれませんが、物件を管理する側から見ると必ずしもそうではないということですね。

　似たような事例で、古い公営住宅等では風呂釜や浴槽を入居者が入れ替わるたびに入居者の負担で撤去したり、新設したりすることが今でも行われています。遺品整理業を行っているとこうした現場に立ち会うことも珍しくはありませんが、そうした現場の場合は風呂釜や浴槽をどうするのかを必ず確認する必要が出てきます。依頼者側はそもそも風呂釜や浴槽を撤去しなくてはいけない物だと認識していないことも多いですから、ここは経験豊富な遺品整理事業者として物件の設備かどうかを管理事務所等へ確認する必要があることを

教えてあげるべきでしょう。間違っても、遺族が残しておいていいと言ったからという言葉を鵜呑みにして作業を進めてはいけません。

　遺族から残しておいていいと言われたとしても念のため自分達でも本当かどうかを管理事務所へ確認するくらいの用心深さが必要です。もともとの設備以外は撤去する。これが原状回復の基本であり、例外は管理会社やオーナー等の貸主側が残してもよいと言った場合だけです。

　エアコンや風呂釜の撤去などは電気やガス工事を含む工事もあり、遺品整理事業者の有している資格によっては手を出してはいけない部類の工事にもなりますので、退去立ち合いの際に撤去すべき物だったと言われたとしても、エアコン工事事業者等がすぐに来て対応してくれるとは限りませんので、その部分だけ後日の作業となってしまうかもしれません。当然そうなれば追加の費用が発生したりもしますので、依頼者側としても良い気分ではないでしょうし、遺品整理事業者は悪くないのに、なぜか遺品整理業者の手際が悪いと言われてしまってガックリきてしまうものです。

　新しめのエアコン等を依頼者が残していくと言ってきた場合は、物件の設備なのかどうかを確認し、設備でないなら管理会社やオーナーの許可を取ったのか等を確認するのが気の利く遺品整理事業者といえますね。依頼者の気づかないところを気づいてあげられる遺品整理事業者を目指しましょう。

(7)　特定商取引法

　遺品整理業を行っていくうえでの必要な知識として最後に、「特定商取引法」について説明していきます。

　布団や健康器具等の訪問販売や貴金属の買取り等の訪問購入は特定商取引法によって規制され、一度契約した内容であっても消費者はクーリング・オフ制度を利用して無条件で申込みの撤回や契約の解除ができるということは広く知られています。クーリング・オフは、一般消費者を保護する制度であり、何らかの商品やサービスを契約した後であっても無条件で契約の申込みや契約を解除できる制度ですが、実は遺品整理業も特定商取引法の規制下に入る可能性が高い職種となります。

　クーリング・オフが利用される一般的な事例としては、自宅に訪問販売のセールスマンが突然やってきて巧みな話術で布団の購入やリフォーム工事の契約をしてしまったというのが典型例となります。その他にも、本来は違法となるような長時間の勧誘や退去を求めても購入してくれるまで帰らないなどの消費者を困惑させる手段を用いて商品を無理やり買わせるなどをした場合に消費者を保護するためにクーリング・オフの制度が利用されます。

　クーリング・オフができる期間と取引については、特定商取引法にて次ページのように定められています。

クーリング・オフができる 期間	対象となる取引
8日間	• 訪問販売（キャッチセールス、アポイントメントセールス等を含む） • 電話勧誘販売 • 特定継続的役務提供（エステティック、美容医療、語学教室、家庭教師、学習塾、パソコン教室、結婚相手紹介サービス） • 訪問購入（業者が消費者の自宅等を訪ねて、商品の買取りを行うもの）
20日間	• 連鎖販売取引 • 業務提供誘引販売取引（内職商法、モニター商法等）

　この対象となる取引の分類の中で遺品整理業者がどれにあたるのかというと、基本的には「訪問販売」に該当することになります。訪問販売にあたるかどうかのポイントとして「営業所等以外の場所」で売買契約などをしたかどうかがポイントとなります。これは特定商取引法で規定するクーリング・オフが消費者に対する不意打ち的な営業で消費者が損害を被ることを防ぐことを目的としていますので、そもそも不意打ち的な営業でなければその対象とする必要がないからです。

　例えば、ネット通販などで商品を購入する場合は、消費者が商品を吟味したうえで購入しているので消費者が不意打ち的な損害を被ることはありません。また、通常の店舗で商品を購入する場合も消費者が自ら赴いて商品を選んだうえで購入しているのですから、これも不意打ち的な損害を被ることはありません。

　反対に、店舗等の営業所以外の場所、例えば消費者の自宅等に営業マンが来て商品を勧めてくる場合は消費者としては突然来た営業マンに押し切られてしまうなどの不意打ち的な損害が発生する可能性があるため、「営業所等以外の場所」で契約したかどうかが大きなポイン

トとなるわけです。

　遺品整理業のケースにあてはめてみると、通常遺品整理の依頼の場合は次のような流れで見積もりや実際の依頼へとなっていくかと思います。

① 　相続が発生して遺品整理を検討
② 　遺族が遺品整理業者をネットで探したり、葬儀業者等から紹介を受けて問合せをする
③ 　遺品整理業者が故人宅を現地確認したうえで見積書を作成
④ 　遺族が見積書を確認したうえで遺品整理業者に遺品整理を依頼
⑤ 　遺品整理業者が遺族の依頼に基づいて遺品整理を実施
⑥ 　遺品整理完了

　ごく簡単な流れで表すと上記のようになるかと思いますが、遺品整理会社は遺族などの求めに応じて現地での見積もりを行ったうえで依頼を受注することになります。

　では、これが特定商取引法に規定する「訪問販売」にあたるのかというと、原則「訪問販売」に該当します。なぜなら、③のように遺品整理の見積りは現地確認をしたうえで、家財の量や必要な人員、配車台数、資材の量、作業に必要な時間や日数等を考慮して見積もり金額を出しますので、遺品整理においては現地確認が必須ともいえます。

　また、多くの遺品整理の依頼が故人宅での見積もり時に作業代金の説明を受けてその場で契約（遺品整理の依頼）となるケースが多く「営業所等以外の場所」での契約に該当する可能性が高いものとなります。つまり、遺品整理という仕事の性質上、店舗販売のように自社に依頼者が来訪して契約の締結というケースは珍しく、そのほとんどが現地での契約になるため、特定商取引法に規定する「訪問販売」に該当することになるわけです。もちろん、一度見積もりをしたうえで依頼者が改めて遺品整理事業者の店舗を訪れて遺品整理の依頼を行ったという場合は別ですが、稀なケースといえるでしょう。遺品整理業

が「訪問販売」に該当するとなれば「クーリング・オフ」の対象となる取引となりますので、場合によっては遺品整理の作業完了後にクーリング・オフをされてしまう可能性があるということです。

　つまり、遺品整理事業者としてはクーリング・オフされてしまうと、遺品整理を行うために人件費や処分費を負担しているにもかかわらず遺品整理費用を支払ってもらえないばかりか支払い済みの場合は返金対応をしなければならなくなります。遺品整理事業者としては「そんな馬鹿な話があるか！」となってしまいますが、そういう規定になっている以上、従わざるをえないのです。そもそも、誠実に見積もりや作業説明、実際の遺品整理を行っていればクーリング・オフを心配する必要はありませんので、この点を心配するのは詐欺的な事業者だけともいえます。

　ただ、そうはいっても世の中にはいろいろな人がいますので、なかには遺品整理事業者側に非がないのに、制度を悪用して遺品整理を行わせようとする人もいるかもしれません。そうした場合に備えて、遺品整理事業者側としても訪問販売やクーリング・オフに関する制度を確認して契約書面等を調えておく必要があります。

　依頼者がクーリング・オフを使用するには、クーリング・オフが使用できる期限内にクーリング・オフの申し出をする必要があります。遺品整理業は訪問販売の類型に該当するケースが多いので、訪問販売のケースでのクーリング・オフは契約書面等を受け取ってから8日以内となります。つまり、遺品整理の依頼を受けてから8日を過ぎたなら遺品整理の申込みに対するクーリング・オフはできないことになります。

　つまり、緊急性の低い遺品整理の場合でしたらクーリング・オフの期間を経過した日を実際の遺品整理の実施日として作業を行えば、作業後にクーリング・オフをされるということはなくなります。ただ、上記の8日の期間は事業者（遺品整理事業者）が適切に申込み書面や契約書面を依頼者に交付していた場合に限られます。

特定商取引法の訪問販売の規制については、次のように規定されています。（特定商取引法ガイドより抜粋。https://www.no-trouble.caa.go.jp/what/doortodoorsales/）

事業者は、契約の申込みを受けたとき又は契約を締結したときには、以下の事項を記載した書面を消費者に渡さなければなりません。

1．商品（権利、役務）の種類
2．販売価格（役務の対価）
3．代金（対価）の支払時期、方法
4．商品の引渡時期（権利の移転時期、役務の提供時期）
5．契約の申込みの撤回（契約の解除）に関する事項（クーリング・オフができない部分的適用除外がある場合はその旨含む。）
6．事業者の氏名（名称）、住所、電話番号、法人にあっては代表者の氏名
7．契約の申込み又は締結を担当した者の氏名
8．契約の申込み又は締結の年月日
9．商品名及び商品の商標又は製造業者名
10．商品の型式
11．商品の数量
12．引き渡された商品が種類又は品質に関して契約の内容に適合しない場合の販売業者の責任についての定めがあるときは、その内容
13．契約の解除に関する定めがあるときには、その内容
14．そのほか特約があるときには、その内容

解説

このほか消費者に対する注意事項として、書面をよく読むべきことを、赤枠の中に赤字で記載しなければなりません。また、クーリング・オフの事項についても赤枠の中に赤字で記載しなければなりません。さらに、書面の字及び数字の大きさは8ポイント（官報の字の大きさ）以上であることが必要です。

さて、どうでしょうか？　実際に遺品整理業を行われているがいたら自身の会社で使用している見積書や契約書に上記の記載は記されていますでしょうか。特にクーリング・オフに関する規定については赤字で大きく書かなければいけないとなっていますので、白黒の見積書や契約書を使用している場合はそれだけで特定商取引法で定めた契約書面等に該当しないことになります。

　上記の規定が適切な方法で記載されていなかったとしても契約自体が無効となるわけではなく、契約自体は有効ですが、消費者側からのクーリング・オフには８日の期間制限がなくなり、８日の期間経過後でもクーリング・オフができるということになります。

　また、令和４年６月１日より、クーリング・オフがより利用しやすくなってもいます。これまでクーリング・オフをする場合は、ハガキ等の書面での通知が求められていましたが、特定商取引法の改正により「電磁的記録」による通知でもクーリング・オフが認められるようになりました。電磁的記録での通知とは、例えば遺品整理事業者の代表メールや問合せフォームにクーリング・オフする旨を記載して送信しても適切なクーリング・オフの申し出と認められるようになるということです。

　ですので、少なくともいつまででもクーリング・オフをされる危険性が残ることがないように、依頼者へ渡す契約書面についてはクーリング・オフの規定をしっかりと記載しておくのも対策の一つといえるでしょう。

○　特定商取引法第26条第６項（適用除外）について

　特定商取引法の適用が除外されるケースについて説明していきます。

　特定商取引法の訪問販売類型において、消費者側のクーリング・オフの利用を制限する適用除外についての記載があります。

特定商取引法第26条第6項第1号
　その住居において売買契約若しくは役務提供契約の申込みをし又は
売買契約若しくは役務提供契約を締結することを請求した者に対して
行う訪問販売

　これは訪問の要請を受けて依頼者の自宅等へ赴いて契約した場合には、訪問販売法の規制（クーリング・オフ等）については適用を除外するという内容です。簡単に言えば、お客さんに呼ばれて自宅等で契約したケースでは訪問販売にはあたらないケースがあるということです。そうだとすれば、遺品整理のケースでも基本的には依頼者から故人宅で見積もりをしてほしいと連絡を受けて訪問するのだから「訪問の要請」にあたり、クーリング・オフの適用は除外されるのではないかとも考えられます。むしろ、「依頼を受けて訪問見積もりをしたうえで急いで作業をしたのにクーリング・オフをするのは道理に合わないのではないか」と考えるのが普通かと思います。ただ、この営業所等以外の場所で契約した場合であっても「依頼者から呼ばれて契約したのだからクーリング・オフ等の適用は除外されるはずだ」という考えは注意が必要です。

　実は、見積もりに呼ばれたので出張見積もりを行い、その場で契約をしたというだけではこの適用除外には該当しないと考えられています。遺品整理のケースですとわかりづらいですので、頻繁に問題となっている「水道工事」の事例で説明したいと思います。

　最近、悪徳事業者のトラブルの代表格ともなっているのが水道工事のトラブル事例です。ポストに投函されているマグネット式の広告に記載されている水道会社に修理の依頼をしたら法外な値段を請求されたというニュースはよく耳にするかと思います（すべての水道工事が悪質と言っているわけではありませんので誤解のなきように）。よくある緊急対応を謳うマグネットには「水道トラブル○○工事、○○工

事はいずれも8,800円！」のように出張工事も含めた料金と考えるなら格安に思える金額が記載されていたりします。

　そうした場合にそのマグネットを見たお客さんは「この金額なら頼んでみようかな」と思って電話などで現地確認をお願いするといった流れが多いでしょう。依頼者側としてもトイレの詰まりや水漏れといった緊急性がある場合でしたら「とにかく早く修理してほしい」と思っていますので、そうした目につきやすい広告を見て電話をかけることも不思議ではありません。

　そうして修理に来た会社がマグネットに記載されているとおりの金額で修理をするのでしたら、依頼者側が訪問を要請した内容と相違がないのでクーリング・オフ等については適用除外となる可能性があります。しかし、トラブルの多くが依頼者の想定していた金額とはかけ離れた高額な請求金額だったり、詰まり抜き工事を依頼したのになぜかトイレ交換やはたまたキッチンやお風呂の交換工事になってしまったりと、当初訪問を要請した内容とかけ離れた契約になってしまっているケースです。

　このようなケースでは、依頼者側は「トイレの詰まり抜き」「8,000円位の料金」というマグネット広告に記載されている作業や金額を前提で水道工事業者を呼んでいるため、水道工事事業者に連絡した時点では、マグネットに記載されている安価な価格で契約を締結する程度の意思しか持っておらず、実際に請求された高額な請求額で契約を締結する意思は持っていなかったのは明らかです。このような問合せをした時点で依頼者が持っていた契約意思とかけ離れた内容での契約を水道工事事業者と締結した場合は、たとえ依頼者が水道工事事業者を自ら呼んでいた場合であったとしても、訪問販売に関するクーリング・オフの規定などは依然適用の範囲内となる可能性が高いと考えられています。

　遺品整理の依頼の場合も、問合せや現地見積もりになるまでにいくつかのパターンがあるかと思われます。ポスティングしたチラシを見

た人から連絡をもらうケースや、葬儀会社から紹介されるケースまたは自社のホームページを見て連絡をくれた人と様々かと思います。

　例えば、チラシを見て連絡があったケースを例にしてみましょう。遺品整理を考えている遺族のもとに遺品整理事業者のチラシが入り、そのチラシの連絡先に遺族から電話が入ったとします。

（客）「チラシを見て電話をしています。実家の遺品整理を考えているのですが、どうすればいいでしょうか？」

（遺）「お電話ありがとうございます。遺品整理のご依頼ですね！正確な金額を出すためには現地を見ながらご説明させていただきたいのですが、ご都合はいかがでしょうか？」

（客）「でしたら、○月○日の○時頃でしたら現地に行けます。」

（遺）「承知いたしました。では、その時間におうかがいしますので、詳しいご住所とご連絡先をお願いします。」

　遺品整理事業者の最初の電話対応としてはよくある風景かと思います。遺品整理の現場はどうしても現場の家財の量や立地、建物がマンションなのか戸建てなのかなどの状況によって金額が大きく異なりますので、より正確な見積もり金額を出すためには、遺品整理事業者が直接現地を確認しながら依頼者と打ち合わせをする必要があり、こうした電話対応になってきます。

　では、このような電話対応が訪問販売法の適用除外である「訪問要請」にあたるのかというと、基本的にはあたらないと考えられています。なぜなら、水道工事のケースと同じで、チラシ等を見て電話を掛けてきた遺族はどのような作業やどの程度の金額になるかについては未知数のままであり、その具体的な金額を知るために、遺品整理会社が提案した現地見積もりを了承しているに過ぎません。

　したがって、遺品整理事業者側からの積極的な現地見積もりの申し出に対して了承しているだけで、遺品整理を依頼するかどうかは未知

数のまま、「とりあえず見積もりをもらってから決めればいいかな」程度の意思しか持ち合わせてはおらず、この状況下で見積もり後に遺品整理の契約を締結したとしても、いまだ訪問販売法の規制下にあると考えられるからです。（クーリング・オフ等の規定の適用がある）

　反対に、遺品整理事業者のホームページや料金表等を見て作業内容や概算金額などをある程度把握した遺族からの問合せで、遺品整理事業者側の担当者が電話対応の時点で詳しく室内の状況等の聴取りを行い、概算金額を伝えたうえで、「それくらいの金額で収まるなら遺品整理をお願いしたいので一度現地で打合せをしてほしい」といったケースの場合は、依頼者側に明確な契約締結意思があるとして、クーリング・オフ等の規定が適用除外となる可能性もあります。いずれのケースも必ずクーリング・オフが適用される、されないかが明確に定まっているわけではありません。

　実際にトラブルになった際も依頼者側と事前にどのような話し合いがされていたかを詳細に証明することは難しいケースがほとんどですので、依頼者から呼ばれた場合であっても訪問販売法の規制下である可能性が高いと考えて遺品整理の依頼を受けていくのが間違いのない対応といえるでしょう。

3 遺品整理業を行っていくうえで必要な提携先について

　ここでは遺品整理業の代表的な提携先について解説していきます。

　前述のとおり、遺品整理業を行ううえで必須となる資格や許可は基本的にはありませんが、遺品整理を行うには様々な規制に引っかかるのも事実で、そうした規制に対処するためには様々な職種との協力が欠かせないこととなります。ここでは最低限必要となる提携先について紹介していきます。遺品整理を始めるうえで必要な資格や知識の解説で既に説明済みの部分は簡単な紹介に留めて、それ以外の部分について深く掘り下げていきます。

(1)　遺品整理事業者

　いきなり本末転倒とも感じますが、自社以外との遺品整理事業者との提携も事業の方針や規模に応じては必要となります。

　遺品整理の現場というのは、必ずしもマンションの一室や一軒家だけとは限りません。遺品整理業を続けていると特殊な依頼というものに遭遇することもあり、そうした場合には他の遺品整理事業者の手も借りられるように事前に話を通しておかないとせっかくの商機を逃してしまうことになりかねません。

　筆者自身も以前に、「両親が住んでいた家の遺品整理をしたい」という遺族からの依頼を受けて見積もりに向かったところ、その自宅が昔は旅館として使用されていたとか問屋を営んでいたなどで古い蔵や倉庫がいくつもあるといったことがありました。このような大規模な依頼ともなると自社のスタッフだけでは手が足りず、貴重品の捜索や仕分け作業だけでも何日も要してしまうということにもなってきます。

そうした事態を避けるためにも、必要に応じてヘルプに来てくれる協力者としての遺品整理事業者を見つけておくと、いざというときの商機を逃さずに済みます。何かの機会に他の遺品整理事業者の人と会う機会があるようでしたら、相互協力の提携をしておくとよいかと思います。

(2)　一般廃棄物収集運搬許可事業者（必要に応じて産業廃棄物収集運搬許可事業者）

　一般廃棄物収集運搬業の許可を有している事業者との提携については、既に説明したとおり、基本的に遺品整理現場で出てくる廃棄物が「一般廃棄物」の分類にあたることが多いため、遺品整理事業者が自社で許可を有していない場合は必然的に許可を有している事業者との提携が必須となります。また、遺品整理を行う地域の処分ルールや依頼者が賃貸業を営んでいる大家のようなケースでは、家庭内のゴミと同様であっても産業廃棄物とされるケースもありますので、そうした場合に備えて産業廃棄物の収集運搬業の許可事業者とも提携しておく必要があります。ただ、通常一般廃棄物収集運搬業の許可を有している事業者であれば産業廃棄物収集運搬の許可も有しているケースがほとんどですので、まずは急な依頼でも対応してくれる一般廃棄物収集運搬業許可事業者と提携する必要があります。

　提携については概ね下記の3点がポイントになります。

①　回収費用（廃棄物の処分費、配車費、人件費、家電リサイクル費用等）

　遺品整理に掛かる経費の大きなウエイトを占めるのが遺品の処理費用となります。自社で許可を有している場合は許可を持っている地域の自治体が運営するクリーンセンター等へ持ち込むことができますので、処理費用はかなり抑えられることになります。しかし、許可を有していない場合は許可事業者に遺品整理の現場まで遺品の回収を依頼

しなければならず、自社で許可を有している場合に比べてどうしても処理費用が割高になってしまいます。

　一般的に、許可事業者に現地回収を依頼した場合に費用項目として提示されるのが、「処分費用」「配車費用」「人件費」「家電リサイクル料金」等と思われます。もちろん、許可事業者ごとに独自の料金設定をしていますので、これとは異なることはあります。

　「処分費用」は、実際に遺品として出された廃棄物の重量や立米数によって算出される金額で〇円／㌔や〇万円／㎥のような形で請求されることになります。許可会社によって重量換算で計算するのか立米換算で計算するのかはそれぞれですが、遺品整理現場ではどちらかというと重量計算をしてくれる事業者と提携をしたほうが処理費用は抑えられる傾向にあります。なぜなら、遺品整理現場で多く出されるタンス等の家具類は分別をしっかりとすればするほど、タンス類の中は空となって無駄な空間が生まれることになり、立米換算の場合こうした無駄な空間でも処分費用に計上されてしまうことになるためです。

　これに比べて重量換算の場合は、無駄な空間については処分費用に反映されないため遺品整理現場についていえば重量換算のほうが依頼する側としては経費が抑えられる傾向にあります。ただし、遺品の大半が書籍やビデオテープ、植木やブロック類等の重量物が占めているようなケースですと、重量換算のほうの料金が高くなることもありますので、遺品整理現場で出てくる遺品の種類に応じて手配する事業者を選択できるようにしておく必要はあります。

②　最短依頼日数

　遺品整理の依頼はある日突然連絡が入り、急いで作業を完了させなくてはならないなど作業日程に余裕がないことも多くあります。また、依頼者の多くが遺族であり、故人とは別々の世帯で暮らしていることが多いです。遺族が遠方に住んでいるような場合は葬儀期間中だけ会社を休んで現地に宿泊しているというケースもあるため、その期間内

に遺品整理を終えようとした場合にはどうしても見積もりから作業実施までの期間は短くなってしまうことになります。

遺族としては現地にいる間に葬儀をはじめ役場の手続きや故人の勤め先の手続き等まとめて終わらせてしまいたいと考えており、当然遺品整理や賃貸物件の退去手続きも一緒に処理したいと考えているものです。そうなれば、必然的に遺品整理事業者への要望としても「こちらにいる〇日までに作業は完了できますか？」というような相談も多くなります。そうした緊急の依頼が入った場合に、回収事業者が1週間後でないと手配できないとなってしまうとせっかくの依頼を逃してしまうことになります。

許可事業者は、地域のゴミ回収等も担っているため遺品整理事業者の都合に合わせては動けないケースもあるかと思いますが、緊急依頼の際には多少の無理を聞いてくれるような関係を築いておいてください。

③　対応エリア

一般廃棄物収集運搬業の許可は許可を有している自治体のみで廃棄物の回収が認められています。したがって、提携している事業者が複数の地域で許可を持っている場合は、その事業者一社で遺品整理事業者の営業エリアをカバーできる可能性もあります。

遺品整理事業者としては、地域ごとに毎回違う会社を手配したり、回収費用の交渉を行うのは非常に煩雑でかつストレスを生む作業にもなりますので、複数の地域の許可を有している許可事業者がいる場合は是非とも提携をしておきたいところではあります。ただ、複数の許可を有している許可事業者の場合ですと、遺品整理現場への個別の回収には対応していなかったり、回収依頼には応じてくれるものの回収費用が他の許可事業者と比べて極端に高いといったケースもあります。

回収費用については、各許可事業者が自由に金額設定できるため、回収費用が高いからといって文句が言えるものでもありません。これ

ばかりは条件に合う許可事業者を見つけていくしかありません。複数地域の許可を有している許可事業者で条件に合うところがない場合は、許可を有している地域は少なくても対応のよい許可事業者と地域ごとに提携していけば問題ないでしょう

Column ·····································

一般廃棄物の許可事業者が多すぎて
どこに頼めばよいのかがわからない

　遺品整理業を始めるにあたって一番頭を悩ませるのが提携してくれる回収事業者の選定かと思います。既に書いたとおり、一般廃棄物収集運搬業の許可は各地域の自治体ごとで許可が出されるものであり、一つの地域で許可を有していればどこの地域でも回収ができるというものではありません。日頃付き合いのある許可事業者が営業エリアすべてをカバーしているというのなら別ですが、そうした事業者は少なく、どうしても遺品整理の現場ごとに地域の許可事業者を手配するという作業は発生してきます。

　では、はじめて遺品整理を行う地域ではどうやって遺品整理の現場まで来てくれる事業者を探したらよいのでしょうか？

　一つの方法としては、普段遺品整理現場の回収をお願いしている許可事業者の担当者に紹介してもらうという方法があります。一般廃棄物の事業者というのは横のつながりもありますので、自社で対応できないエリアについては付き合いのある許可事業者を紹介してくれたりします。はじめて遺品整理を行う地域の場合でしたら「このエリアでどこか良い会社を知りませんか？」と聞いてみると意外と紹介してくれたり、連絡を代わりにつけてくれたりもします。もちろん、日頃の付き合い方が大きく関わってきますので、担当者とは仲良くしておくべきですね。

　その他にネット検索で「○○（地域名）一般廃棄物」のよ

うに検索してみるのも一つの方法ですが、おそらくたくさんの事業者が出てきてしまいどこに頼んだらよいのかわからないという状況になるかと思います。出てきた順に手あたり次第電話をするという方法もありますが、すべての一般廃棄物の許可事業者が遺品整理現場の回収をしてくれるというわけではありません。

　筆者自身も遺品整理会社に勤めていた際に、ネット検索でヒットした一般廃棄物の許可事業者に何度も電話をした経験があります。許可事業者によっては遺品整理の現場まで回収に来てくれないか、と聞いただけで「そんな面倒なことしたくない！　他あたれや！」と怒鳴りながら電話を切られたなんてこともありました。

　一般廃棄物収集運搬業の許可は地域のごみ回収の委託などで運営が安定している面もあり、わざわざ遺品整理の現場に作業員を派遣するといった日常業務から外れることを嫌う会社も珍しくはありません。こうした業務も受けてくれる会社を探すのは結構大変なのですが、ネット検索で探し切れない場合は、遺品整理現場の地域を管轄する自治体のゴミ対策課等の廃棄物を担当する部署に聞いてみることをお勧めします。

　近年は遺品整理という作業も一般的になり自治体としても許可を有していない違法な事業者に回収依頼をしないように広報を行っているところです。また、自治体の担当部署のホームページを見ると一般廃棄物の許可事業者の一覧が掲載されていることが多く、同様に担当部署の連絡先も記載されています。担当部署へ連絡して、遺品整理作業に対応してくれる会社を教えてほしいと頼めば、その地域から遺品整理にも対応してくれる事業者を教えてくれることがあります。も

ちろん、自治体側としても事業者と癒着しているのではない
かと言われてしまうと困りますので、口利きのような紹介を
してくれるわけではありません。自治体として、一般の消費
者から同様の相談があった場合に過去に対応してくれたいく
つかの許可事業者名と連絡先を教えてくれるだけです。

　あとは、遺品整理事業者がそれらの許可事業者に直接電話
をして価格交渉等をする必要はありますが、少なくとも上記
で紹介した筆者の体験談のように門前払いされる可能性は格
段に下がりますので、自治体に相談してみるのも一つの方法
です。

(3)　運送事業者

　近年の遺品整理業界は様々な職種からの参入が増えてきており、一般貨物自動車運送事業の許可等を有している運送事業系からの参入もその一つです。もともと大物家具の配送などを行っている事業者にとっては、遺品整理に伴う家具の搬出等も引っ越しに類する作業として得意分野ともいえます。また、家具等を運び出す際に建物やエレベーター等の設備を保護する養生資材や運び出しに使用する台車関係も本業で使用している物を流用できることから参入に対しての障壁は低いといえるでしょう。

　遺品整理の現場では、遺品として処分する家財の他に形見分けや自己使用のために依頼者が持ち帰る品という物も出てきます。そうした品が手荷物や自家用車で運べるサイズの物であればよいのですが、大物家具や家電といった物となってしまうと自分達で運ぶことはできなくなるため、どこかに配送を依頼しなければならなくなります。

　さらに、遺品整理業を進めていくと亡くなった後の遺品だけでなく、「生前整理」という作業にも業務を拡大していくことが予想されます。生前整理の場合は、依頼者が元気なうちに身の回りを整理していく支援をしたり、場合によっては依頼者が高齢者施設へ移る際の自宅の整理の依頼を受けたりすることもあるでしょう。

　そうした高齢者施設へ移るようなケースでは、日頃から自宅で使用していた家具や日用品等を移転先の施設へ一緒に運んでほしいという依頼をされることも珍しくはありません。つまり、自宅の家財の一部を処分して、一部を引っ越しとして扱う必要があるということになりますので、当然事業として行う以上は運送に関する許可等が必要となってきます。遺品整理の現場ではこのような依頼は数多くありますので、自社で運送に関する許可等を有していない場合は、配送を依頼できる手段を確保しておく必要があります。

　また、少し特殊な事例とはなりますが、相続放棄案件のような場合

に一時的に家財を室外へ移動するというケースがあります。例えば、「相続放棄をするかどうかをまだ決めかねているが賃貸物件に家財を放置していても高額な家賃が発生してしまうので、家財を撤去して部屋の明け渡しをしてしまいたい。しかし、家財を処分してしまうと相続放棄の単純承認事由に該当してしまうかもしれないので処分もしたくない」という事案の場合には、故人の財産を処分したとして単純承認事由に該当するのを避けるために、一時的に家財をコンテナ倉庫等の貸しスペースへ移動するという作業依頼を受けることがあります。つまり、賃貸物件に残っている家財をすべてコンテナ倉庫等へ移動することで、故人の財産を処分せずに賃料の安いコンテナ倉庫等へ移動することで、遺族の金銭的負担を減らしつつ、その後の相続手続等の時間を確保するという作業です。

　こうした作業の場合は、遺品整理事業者としては室内の梱包作業や清掃といった部分を担当し、実際の運送に関しては運送事業者へ依頼するということもあります。これらの依頼に備えて、自社で運送に関する許可等を有していない場合は運送業務を担ってくれる事業者との提携が必須となるでしょう。

⑷　エアコン・ガス工事事業者

　遺品整理の現場では、エアコンの取外し作業はほぼ毎回発生するといってもよいくらいの頻度であります。もちろん、賃貸物件の設備として設置されているエアコン等は取り外してはいけませんが、それ以外のケースですと、エアコンの処分や遺族宅への移設、取り外したエアコンを再販用に売却といったこともありえます。

　エアコンに関しては、移設や再販用の取外しはもちろんのこと、処分対象のエアコンであっても冷媒ガスの回収など適切な取外し方法が求められます。移設のケースなら新設住居で電気工事を伴う可能性もありますし、再販用のケースでも取外し方を間違えてしまうと商品価値が低下してしまう可能性がありますので、専門知識を有していない

場合は専門の事業者と提携して遺品整理現場へ来てもらえる体制を準備しておく必要があります。特に、高層階のマンション等で天吊り式の室外機の撤去が必要なケースでは、室外機の落下事故などにつながる可能性もありますので、専門の事業者へ依頼して安全に作業を進める必要があります。

　その他、遺品整理の現場では、瞬間湯沸かし器やバランス釜の撤去などが公営住宅では頻繁に発生しますし、住宅によっては室内の暖房器具もワンタッチ式ではなくガス管で接続されているケースもあります。そうした機器の撤去依頼を受けた場合は、やはり有資格者へ依頼する必要が出てきます。また、遺品整理事業者自身で取外しができる場合であっても、エアコン等の取外し台数が増えたり、古い天吊り式の室外機があった場合などには取外しに手こずってしまうと、スタッフがその作業にかかりきりになってしまい本来の遺品整理作業が予定どおり進まないケースも出てきます。

　遺品整理現場では電気やガス工事が必要な場面は多くありますので、安全面からもそうした有資格者を手配してくれる事業者との提携は必要となってきます。

(5)　古物商

　「遺品整理業を行ううえで必要な知識」の項でも述べたとおり、遺品整理現場は数多くの日用品や趣味の品で溢れています。なかには高価な骨董品や美術品をはじめ、貴金属やブランド物の商品なども多数出てくるケースもあり、間違っても遺品として処分してはいけない品々となります。ただ、貴金属や記念硬貨など一目で価値のある物とわかる物もあれば、骨董品をはじめとした趣味の品などは素人目には価値のある物かどうかは非常に判断しづらい物でもあります。

　そうした際に頼りなるのが、古物商の許可を持った買取事業者となります。もちろん、遺品整理事業者自身が古物商を持っているケースは非常に多いのですが、経営母体がリサイクルショップの場合などで

もなければ、どうしても専門的な知識が不足することは否めません。

　遺品整理の現場では依頼者が不要と判断した物のなかに実はお宝が眠っていたということは珍しくありませんので、遺品整理事業者自身で判断ができない品がたくさんある現場の依頼を受けた場合は、遺品整理作業の前に一度専門会社に室内を確認してもらうというのも有効な手段の一つとなります。場合によっては室内に残されていた遺品の買取金額だけで遺品整理費用をまかなえてしまうということもありますので、依頼者の遺族にも喜んでもらえる結果となります。

(6)　自動車買取事業者（自動車商）

　古物のなかでも特に中古車を扱う古物商を自動車商と呼びますが、自動車商は他の古物商の許可に比べて審査が厳しい傾向にあります。営業規模や自動車の保管スペースの問題から古物商の許可を取得する際に自動車の取扱いを外すケースもあるかと思います。ただ、遺品整理の現場には故人が生前使用していた自動車やバイクなどが残されていることも多く、遺族が相続して乗り継がないケースでは買取りや廃車手続を依頼されることも珍しくはありません。特に遺族が遠方に住んでいるような場合は、買取査定などに立ち会うことも難しいため、遺品整理事業者に車の処分も含めて一括して依頼されることとなります。

　そうした場合に、適正な査定と迅速に遺品整理現場から車両を引き上げてくれる自動車買取事業者と提携していると、依頼者はもちろん、遺品整理事業者としても作業の進行を妨害する車両に悩まされることがなくなりますので大助かりとなります。

　遺品整理事業者が自ら古物商の許可内の自動車商を取得しない場合は、こうした需要に応えるためにもフットワークの軽い自動車の買取事業者等とは提携しておきたいところです。

(7)　工務店等のリフォーム工事会社

　遺品整理現場は、言ってみれば誰も使用することのなくなった部屋

の整理ともいえますので、次の利用者が入居する前に室内のリフォームを行うケースも当然出てきます。

　「両親が住んでいた実家を遺品整理したらリフォームをして誰かに貸そうと考えているのですが、どこか良いリフォーム会社さんを知りませんか？」と遺品整理の依頼者から相談を受けることはよくある話です。こうした需要以外にも特殊清掃が必要な現場のリフォームや事故現場ではないけれどゴミ屋敷となっていて汚れが酷いので、貸主へ返却する前にリフォームしておきたいといった要望等もあったりします。

　また、賃貸物件のオーナーや管理会社等からは、「普段原状回復等の工事をお願いしている工務店が事故物件は縁起が悪いから入りたくないと言って断られてしまった」や「特殊清掃は扱ったことがないので事故物件のリフォームは対応できないと断られてしまった」などの理由から相談にくるケースもあります。ですので、工務店等のリフォーム工事会社と提携をする際は事故物件現場にも対応可能な会社と提携することで遺品整理会社自身のサービス範囲を広げることができるようになるでしょう。

(8)　不動産会社

　不動産会社と提携することには二つメリットがあります。一つは賃貸物件の管理をしている管理会社等から遺品整理の依頼をもらえることで、もう一つは、遺品整理の依頼者が不動産の売却を希望した場合に売却先や仲介先として紹介ができるようになることです。

　不動産会社からの遺品整理の依頼の形態はいくつかありますが、例えば懇意にしている不動産会社が不動産売却を進めていた際に室内に残置物があるのでこれらを撤去したいというケースや、事故が発生した賃貸物件の管理会社などから特殊清掃も含めて遺品整理の依頼を受けるケースなどが主なものとなるでしょう。不動産会社から遺品整理の依頼を受けるのに対して、遺品整理事業者から不動産会社へ不動産

の売却や仲介を依頼するケースも当然出てきます。遺品整理の現場は先にも述べたように誰も利用しなくなった部屋の整理ですので、家族で誰も利用しないのなら売却してお金に変えてしまおうという選択も当然出てきます。

　一般の人にとっては不動産の売却という行為は一生に何度もあることではなく、戸建てやマンションの売却となると動くお金も大きく手続きも煩雑となってきて、どこの不動産会社に頼んだらよいのかわからないというのが普通かと思います。そうした際に遺品整理を誠実に実行してくれた遺品整理事業者がいたならば、不動産の売却先の相談として「良い不動産会社を知りませんか？」となるのは自然の成り行きともいえます。

　そのようなときにフットワークの軽い不動産会社を紹介することができれば遺品整理事業者としてのサービスの質も上がりますし、不動産会社との提携内容によっては「紹介料」が支払われて自社の利益につなげることも可能となります。もちろん、「紹介料」目当てに依頼者の不利益になるような悪質な不動産会社を紹介するようでは遺品整理事業者としての先もないことになりますので、依頼者へ紹介する以上は紹介者としての責任も出てくることを意識して不動産会社の紹介につなげていくようにしてください。

　また、遺品整理業での不動産売買では一般の不動産売却と異なる点があることにも注意が必要となります。遺品整理業を続けていると故人と遺族の関係が悪かったり、そもそも遺族が故人と会ったことさえないというケースに遭遇します。例えば、両親が離婚しており何十年も会っていなかった父親の遺品整理をしなくてはならなくなった子どものケースや、叔父が亡くなったところ身近な親族が誰もおらず一度も会ったこともない甥や姪が仕方なく遺品整理を行うことになった等のケースです。

　このようなケースでは、「昔は自分達も住んでいた実家」のようなケースとは異なり、売却する物件自体に思い入れがなく、遺族にとっ

ては面倒な手間を押し付けられただけで、なんでもいいから早く売却を終えてしまいたいと考えているケースもあります。このような場合では、一般的な不動産売却のように不動産会社に仲介を依頼してレインズへ登録後に購入希望者との内覧や価格交渉等を経て売却といった流れですと売却までに時間が掛かるケースも出てきます。

しかし、依頼者としては面倒事を早く終えてしまいたいと考えており、売却価額は二の次、三の次と考えていることも珍しくはありません。普通に考えればせっかく不動産を売るなら少しでも高く売れたほうがよいのでは、と考えるところですが、売却物件が事故物件や疎遠な親族が所有していた物件だった場合は、そうした手続きにいつまでも拘束され頭を悩まされるくらいなら安くてもよいので早く売ってしまって日常生活に戻りたいと考えている人も大勢います。

つまり、不動産会社と提携する際は1社とだけ提携するのではなく、複数の不動産会社と提携しておき、必要に応じて相見積もりや仲介を依頼し、売却物件が事故物件のようなケースなら不動産会社がそのまま買い取ってくれるような体制を整えておくと依頼者の要望に応じた柔軟な不動産売買が可能となります。遺品整理事業者としては不動産会社から仕事をもらったり、反対に売却不動産を紹介したりする立場になるなど相互協力の関係となりますので、遺品整理業を行っていくうえで信頼のおける不動産会社との提携は必須となります。

(9)　解体工事事業者

遺品整理が終わった後の建物は賃貸や売却されるだけとは限りません。築古住宅の場合ですとそのままの状況だと借り手も買い手もいないことも予想されます。その場合は、築古住宅が建っている土地をすぐに売却等しない場合でも台風での飛散や火事などで近隣住宅へ損害を与えないように先に建物だけを解体し更地の状態にしておくというケースもあります。

ひと昔前までは、解体工事事業者が室内の家財もまとめて潰してし

まい産業廃棄物として処理していた時代もありましたが、現在は規制も厳しくなり解体工事の前に残置物の所有者等が廃棄物処理法に則って処理する必要があります。ですので、一般家庭の解体のケースでしたら一般廃棄物の取扱いとなり遺品整理事業者の出番ということになります。

家屋解体前の遺品整理という依頼も珍しくはなく、遺族から依頼がくるケースもあれば、賃貸物件のオーナーや不動産会社、解体工事事業者等から依頼がくることもあります。解体工事事業者と提携しておくことで不動産会社との提携と同じく、相互に依頼を出し合うWin-Winな関係を築くことも可能となるでしょう。

⑩　お寺や神社

遺品整理現場で処理に困る代表的な物として「仏壇」「神棚」「遺影」などがあります。古い家屋の遺品整理を受けるケースでは必ずといってよいほどあったりします。遺品整理で仏壇等を処理する場合にどうするのかというと、一般的には各宗派の住職に現地にきてもらい、魂抜き（性抜き）として読経を行ってもらったうえで処分することになります。ただ、宗教によって仏壇自体は入れ物に過ぎず魂抜きは不要と考えている宗教もありますので、遺品整理事業者としては依頼者から「仏壇ってどうやって処分すればよいのでしょうか？」という質問に答えられるようにしておく必要があります。住職に現地に来てもらい魂抜きを行ってもらうことにも当然費用（お布施）が発生しますので、最終的にそうした供養を行ってもらうかどうかは依頼者に決めてもらうことになります。

また、依頼者によっては故人の信仰していた宗教とは異なる信仰を持っていることもありますし、そもそも仏壇類に対して特別な意識を持っていない人もいます。ですので、遺品整理事業者としては必要に応じて宗教者を手配できる準備をしておき、依頼者の求めに応じて遺品整理作業の前に魂抜き等を行える体制作りをしておくことが大事で

す。近年は特定の宗派によらず仏壇の魂抜きを行ってくれる宗教者や各宗派に合わせた宗教者を手配してくれるサービスなどもありますので、遺品整理事業者として依頼先に困ることはないかと思います。

　ただし、宗教者によっては魂抜きなどの際に読経だけでなくかなりの大音量で鳴り物の仏具を響かせることもありますので、近隣に知られずにそうした供養をしたい場合は事前にしっかりと確認しておく必要があります。その他にも、宗教者に対しては事故物件現場の供養のお願いや、遺影や位牌、過去帳などの仏具全般の供養をお願いすることもありますので、何かとお世話になることでしょう。

○　神棚の取扱い

　遺品整理事業者のなかには仏壇と神棚を一緒くたにしているケースがありますが、仏壇は仏教（お寺）であり、神棚は神道（神社）の管轄となります。つまり、仏壇の魂抜きで宗教者を呼んだから神棚もそのまま処分しても大丈夫とはなりません。特に神棚を設置した際に神職に来てもらいお祓いを受けたことがあるというケースでは、神棚にも魂が込められていますのでお焚き上げなどを行う必要があると考えられています。反対に、ホームセンター等で買ってきてそのまま置いてあるだけというケースでしたらその他の家財と一緒に処分しても問題ありません。ただ、遺品整理の場合どういった経緯で神棚が設置されていたかを遺族が知らないことも多いので、遺品整理事業者としてはどのような場合であっても神棚を丁寧に扱うことが求められます。

　依頼者に神棚について事情を聞いてみて「よくわからない」という反応をされたら、念のため近くの神社などへ神棚やお札を持参してお焚き上げをしてもらうことをお勧めします。お焚き上げを依頼する場合も祈祷料等を支払う必要がありますので、事前に神社へ祈祷料を確認したうえで依頼者が祈祷料等を支払ってでもお焚き上げ等を希望するのかを確認する必要があります。

　ちなみに、神社へ祈祷料を確認すると「お気持ちでお支払いいただ

いております」と回答されてしまい結局いくら支払ったらよいのかがわからないということもよくあります。その場合は、「だいたい皆さんはどれくらい納めているのでしょうか？」と聞き返せばその神社での相場を教えてもらえると思いますので、祈祷料がはっきりしない場合の確認方法としてご利用ください。

筆者が日頃お焚き上げをお願いしている名古屋の熱田神宮では、だいたい3,000円前後くらいが多いとのことです。お焚き上げと聞くと何か高額な費用が掛かりそうな感じもしますが、神社へ持ち込んでの依頼ならそれほど高くはならないようです。

(11)　各種士業

一般的な遺品整理作業では士業と呼ばれる職業の人にお世話になることはないでしょう。しかし、遺品整理の現場は相続の現場でもあることから、下記の3士業には事案によっては相談が必要となるケースが出てきます（宅地建物取引士は不動産会社と同じになるため割愛）。3士業のいずれも相続人の調査や相続分の確認、遺産分割に関する相談など一般的な相続案件は基本的に取り扱うことができますが、ここでは遺品整理現場特有の問題に関してどのような役割を果たすかを中心に解説していきたいと思います。

①　弁護士

遺品整理の現場で弁護士に依頼するケースは、基本的に法的な紛争性がある場合となります。例えば、遺品整理後の原状回復について貸主と遺族間で揉めてしまっている場合などです。特に自死や長期間遺体が放置されてしまったような孤立死のケースでは、こうしたトラブルが起きやすく、遺品整理事業者としても依頼者から相談を受けることもあるでしょう。

ただ、遺品整理事業者が貸主と遺族との間に入って原状回復の範囲や負担費用の交渉等を依頼者に代わって行うことは非弁行為に該当す

ることになりますので行ってはいけません。そのような相談を受けた場合は、提携の弁護士を紹介できる体制を整えておき、「もし、貸主と遺族間でトラブルが発生しても専門の弁護士を紹介できますよ」と伝えることで遺族を安心させてあげることが遺品整理事業者の役割となります。

② 司法書士

遺品整理事業者が遺族から相談を受ける案件で司法書士に依頼する業務の主なものとしては「相続放棄」となります。相続放棄の手続きは遺族が自ら行うことは当然できますが、家庭裁判所へ提出する申請書や添付書類を一般の人がすべて用意するのは難しいケースもあります。

そうした場合には、司法書士へ依頼することで必要書類の収集や申請書の作成、家庭裁判所への申請支援等をしてもらうことができます。遺族が相続放棄をした場合は、遺品整理の依頼もなくなってしまう可能性もあり、遺品整理事業者としては相続放棄を勧めたくないかもしれません。しかし、遺品整理を無理やり進めてしまうと遺族にとって修復できない損害が出てしまう可能性もありますので、相続放棄について悩んでいる遺族がいた場合は司法書士へ相談するように促すのが遺品整理事業者の役目となります。

※司法書士は不動産の名義変更（相続登記）も専門に扱っていますので、遺族から不動産の名義変更をどうしたらよいのかといった相談があった場合も、司法書士を紹介することになります。

※弁護士も相続放棄の手続きは同様に可能です。

③ 行政書士

遺品整理の現場で行政書士へ依頼する業務としては「合意書」等の作成があります。少し前までは賃貸借契約の際に連帯保証人を付けることが一般的でしたが、民法の改正もあり、現在の主流は保証会社を

利用した契約となっています。

　保証会社を利用した賃貸借契約の場合は連帯保証人がいないことから、万が一賃貸物件で事故が発生したような場合でも遺族は「相続放棄」をすることで遺品整理をはじめとしたすべての債務を負担しなくてよくなります。当然貸主としては大きな損害となるため、そうした事故に対応した保険等も活用して対策をしているところではありますが、一番はやはり遺族が遺品整理を行ってくれることです。

　ただ、遺族側としてもどこまで負担を負うのかわからないような状況で遺品整理に応じるわけにはいかないため、貸主側と遺族側でどちらがどれだけの範囲でどういった負担を分担するのかの取り決めをしたうえで遺品整理を実施するということがあります。話し合いで取り決めた内容を「合意書」という形で取りまとめるのが行政書士の役割となります（合意書や示談書等の作成は弁護士も行うことができます）。

　遺品整理事業者は、遺族から「お世話になった大家さんにはできるだけ迷惑をかけたくないが、自分達の生活もあるので多額の賠償金を支払うこともできない。どのように対応したらよいのか？」という相談を受けた場合は、遺品整理に詳しい弁護士や行政書士に相談するように促してあげてください。

　合意書の活用方法については、第2章で詳細な解説を行っていますので参考にしてください。

Column ·······························

ワンストップサービスについて

　遺品整理事業者のホームページなどでは、「ワンストップで解決！」のようなワンストップサービスを提供している事業者が多数あります。ワンストップサービスの多くが遺品整理およびその周辺問題の解決をすることをその内容としており、遺品整理に必要な手配や遺品整理後の家屋の解体、不動産の売却などを主な内容にしているケースが多いかと思います。

　しかし、遺族にとっては故人の遺品整理が終わったとしても、役場の手続きや年金事務所での申請、各種金融機関への相続手続や故人が締結していた各種契約の解約手続等、遺品整理以外にもたくさんの手続きが残っており、遺品整理は死後に発生する手続きの一つでしかありません。

　遺品整理業は相続に密接した業種でもあり、遺品整理事業者はその中心で旗振り役になれる位置にいることをもっと知ってもらいたいと思います。遺品整理業において「ワンストップサービス」を提供する場合は、遺品整理に必要な手配だけではなく、遺品整理が終わった後に発生する遺族の困りごとに対しても適切な専門家を紹介できてこそ本来求められている「ワンストップサービス」といえるのではないでしょうか。

　より広い範囲でのワンストップサービスを提供する場合は、上で挙げた専門家以外にも年金や税務の専門家として、社会保険労務士や税理士などの士業、お寺以外の納骨堂や散骨会社、墓じまいを担当する石材店等とも提携しておく必要

が出てきます。当然、遺品整理事業者としても適切な専門家を紹介するうえで、遺品整理以外の分野についての知識も幅広く持っていることが求められてきます。

　今後高齢社会がより深刻化することを考えればワンストップサービスの需要も増えてくることが予想されますので、遺品整理の枠を超えたサービスに対応できる遺品整理事業者が今後求められるかもしれません。

4 遺品整理を始めるために必要な機材や設備について

　遺品整理業を始めるにあたっての機材や設備としては、もともとリサイクルショップや不用品回収業等を営んでいるケースでは、店舗や車両、その他の資材も流用できるものが多数あり、依頼内容に合わせてその都度資材を追加していく方法で対応可能かと思います。では、一から遺品整理業に乗り出そうとした場合には最低限何を準備しなければいけないのかという疑問に筆者自身をモデルケースに紹介してみたいと思います。

　筆者自身はもともと遺品整理会社に勤めており、独立を機に行政書士の資格を取得して、現在、遺品整理専門の行政書士として活動しています。

　独立後は遺品整理に関連性の深い、事故物件の対処法や相続や死後事務といった分野を専門に扱う士業を本業とする遺品整理業となりました。専門会社に勤めていた頃のように毎月何十件もの遺品整理や、それこそ真夏の繁忙期には1日に4、5件の特殊清掃に追われるというようなことは今はありませんので、遺品整理業としての規模はかなり小規模な部類になるでしょう。

　これから遺品整理業を始めようと考えている方は、おそらく独立開業してうまく軌道に乗せられるのかといった不安も抱えているかと思います。開業準備に多額の資産を投下してしまうとうまくいかなかった場合の方向転換もしづらくなってしまいますので、小規模の遺品整理事業者となる筆者の事例等を参考に必要な機材や設備について知ってもらえたらと思います。

(1) 資材運搬用の車両

　遺品整理業を始めるにあたって一番費用が掛かるのが車両関係かと思われます。遺品整理やごみ屋敷の番組などを見ると大きなトラックで乗り付けて作業を行っているように見えるので、トラック等の大型車両は遺品整理業に必須かと思われているかもしれませんが、実はそうではありません。

　最低限遺品整理で使用する資材が運べる程度の業務用のワンボックスやそれに近い運搬の能力がある自家用車があれば問題なく業務は行うことができます。実際、筆者は旧式のエスティマで何年も遺品整理業を続けていました。

　トラックでの業務は行いやすいのですが、見積もり訪問には不向きですので最初から複数の車両を準備できないようなケースではこのような方法も採れるということです。遺品整理現場で大型の車両が必要となるケースは、自社で廃棄物を回収するケースや買取り品を持ち帰るケース、または遺品の配送などを行う場合でしょう。

　遺品整理を行ううえで必要な許可の項でも説明したとおり、遺品として出た廃棄物を自社で回収するには一般廃棄物収集運搬業の許可等が必要となります。自社で許可を有していない場合は、遺品を現地まで回収しに来てくれる許可事業者を手配することになりますので、遺品の回収について自社で大型車両を所有する必要は必ずしもありません。また、買取りに関しても大型の家具等はよほど質の良いものでないと再販に向かない傾向にあり、どちらかという貴金属や骨董、絵画などの商品が買取対象となりやすくなっています。

　したがって、買取りを主軸とする遺品整理会社でもなければ大型車両は必須とまではいえませんし、そうした車両が必要な大型の買取り品が出た場合は一時的に車両をレンタルしたり、または利益は薄くなりますが買取事業者に引取りに来てもらうなどの方法でも対応は可能です。

遺品整理業を始めるうえではトラック等の大型車両は必ずしも必須ではなく、作業に必要な資材を運べる程度の運搬能力がある車両があれば業務は問題なく行うことができます。あとは実際の依頼件数や自社の運営方針、取得許可にあわせて車両の拡充を図っていけばよいかと考えます。

(2)　梱包資材

　遺品整理作業では基本的に家財等をすべて搬出して1軒丸ごと空っぽの状態にするケースが多いかと思われます。当然、室内にある物は大物家具から食器などの小物製品、家電や雑誌など多種多様で1個ずつ運び出していてはキリがありません。ですので、大物家具や家電製品以外についてはある程度梱包して運びやすい状況にしてから搬出作業に移ることになります。

　小物関係をまとめるのに使用されるのが梱包資材ですが、これは特別な物ではなく、各自治体で使用されているごみ袋や段ボール箱等になります。梱包資材に何を使用するのかは、自治体のクリーンセンター等の処分品の受入れ先または遺品を現地まで回収に来てくれる提携の許可事業者に確認する必要があります。回収事業者によっては、自治体指定のゴミ袋に入れなければならない場合もあれば、透明や半透明の袋ならなんでもよいという回収事業者もあったりと、それぞれの回収事業者で梱包に使用してよい資材が決まっていますので、初めて使用する回収事業者の場合は事前に確認しておく必要があります。

　また、袋系の梱包資材の他に段ボールも用意しておくとよいでしょう。遺品整理の現場では書籍や陶器類等の重量物や刃物類などの袋に入れづらい物も多数出てきます。そうした袋に梱包しづらい一部の物については、段ボールに梱包することで運びやすくなり、また包丁などの危険物でスタッフがケガを負ったりすることを防ぐことにもつながります。

　段ボールは段ボール専門の卸事業者に頼むこともできますが、ホー

ムセンター等でも規格品が販売されています。また、近年はネットでも段ボール専門サイトなどがあり大量発注ができますので、希望するサイズと価格などを比べて仕入れておくとよいでしょう。お勧めの段ボールサイズとしては、やはり引っ越しの際に使用する大きめのサイズの段ボールが人の手で運ぶのに適していますし、台車に積み上げて運ぶ際などにはちょうどよいサイズかと思います。

(3) 台車や養生等の引っ越し作業に類する資材

　遺品整理作業は非常に引っ越し作業と似ている部分があります。細かな作業内容はもちろん異なりますが、家から家財を運び出してトラックに乗せていくという部分はほぼ同じともいえるでしょう。したがって、遺品整理作業で使用する資材も引っ越し作業で使用する資材と非常によく似てくることになります。

　荷物を運ぶための台車、建物やエレベーターを傷つけないようにするための養生資材、重量のある家具や電化製品を運ぶためのベルト類、その他梱包や養生で使用するテープ類は必ず必要となります。また、遺品整理では照明器具なども撤去するケースが多いので、高所作業用としての脚立や家具等の配送を請け負う場合はジャバラ（ゴム入りパット）等も用意しておく必要があります。こうした資材は職人専門のホームセンターや引っ越し資材を専門に扱っているネット通販等で購入できますので必要に応じて購入しておきましょう。

(4) 各種工具類

　遺品整理の現場では各種工具類も必要となります。一般的なカッターやプラス・マイナスドライバー、ペンチ等をはじめ、BSアンテナ等を取り外す際にスパナ類を使用したり、組み立てベッド等を解体する際の六角レンチ等も多用します。また、戸建ての遺品整理の際には近隣に迷惑にならないように植栽を切ってほしいという依頼があったりしますのでノコギリも必要でしょう。

少し特殊なところですと、大型バールも必要です。バールは、解体が必要な家具に使用したり、時には金庫を無理やり開錠するのにも使用したりします。遺品整理の現場では鍵や暗証番号のわからなくなった家庭用の金庫などがよく出てきます。何も入っていないとわかっているのならよいのですが、多くの場合は中に何が保管されているのかわからない状況ですので、依頼者としても念のため中は確認しておきたいと思うのが普通でしょう。そうした場合に、金庫を再利用するのでしたら開錠専門の鍵屋を手配する必要もありますが、特に金庫は破棄する予定ということであれば依頼者の許可をもらって強引に開けてしまうのも方法の一つです。金庫を強引にこじ開けるのに役立つのが大型バールとなり、大型バールが2本もあれば多少慣れは必要ですが金庫は結構簡単に開けられます。廃棄予定の金庫の開錠依頼は遺品整理を行っていくなかで必ず出てきますので用意しておいて損はありません。

　他には、番線カッター（ボルトクリッパー）などもあると便利です。本来は工事現場等で固い鉄筋等を切断する工具ですが、遺品整理の現場では鍵をなくした集合ポストの南京錠を切るのに使用したりします。その他にもDIYだらけの家ですと至る所にワイヤーやコード類が張りめぐらされていたりしますので、そうしたワイヤー類を切断するのにも重宝します。

　便利な工具類は挙げたらキリがありませんが、基本的な工具類をひととおりそろえた後は遺品整理の見積もりに行った際に必要と思った工具を順次そろえていく形で問題ないかと思います。

(5)　一般的な清掃道具

　遺品整理作業では、家具類を搬出した後に室内の清掃をするのが一般的です。清掃をどのレベルで行うかにもよりますが、簡易清掃ができる程度の清掃道具は必要となります。

　一般的な遺品整理で行われる簡易清掃は、クリーニングの専門事業

者が行うレベルでの清掃ではないため、そろえる清掃道具も家庭用のもので問題ありません。また、家庭用の清掃道具の場合は、遺品整理現場にも多数残されているケースがありますので、依頼者の許可をもらったうえで自社の清掃資材として活用させてもらうこともできるでしょう。依頼者としても、もともと遺品として処分予定の物ですので喜んで譲ってくれる人が多いかと思われます。

　タオルや洗剤類はどこでも使用しますのでどれだけあっても問題ありませんし、特殊清掃を業務範囲に加えている場合は特にタオル類は使い捨てになってしまうケースがほとんどですので、古いタオルや粗品として保管されていたタオル等は依頼者が持ち帰らない分については遺品として処分してしまうのではなく資材として有効に活用することでごみの削減にもつながります。

　タオル等の消耗品のほか、家庭用の掃除機等も依頼者の許可がもらえるようでしたら資材として活用させてもらいましょう。特に特殊清掃を業務範囲に加える場合は、特殊清掃現場で使用する掃除機と通常の遺品整理現場で使用する掃除機は分けておかなければいけません。特殊清掃現場で死臭が付いたごみや蠅等の死骸を吸い込んだ掃除機はたとえ中のゴミパック等を交換しても排気部分からかなりの異臭を吹き出してしまいます。特殊清掃現場で使用した掃除機を通常の遺品整理現場で使用してしまうと、せっかく綺麗に片付いた部屋なのに死臭がするという事態になってしまい、依頼者がその原因を知ったら大問題に発展してしまうかもしれません。

　そうした事情も考慮して、通常の遺品整理現場でまだ使用できる家庭用掃除機が残っているようでしたら依頼者の許可をもらい特殊清掃現場で使用するための掃除機として複数台確保しておくことをお勧めします。

(6)　特殊清掃に使用する薬剤やオゾン発生器

　ここまでの資材関係はごく一般的なものがほとんどでしたが、特殊清掃に使用する機器等は遺品整理現場特有の機材ともいえます。

　なお、特殊清掃で使用する薬剤やオゾン発生器については、先に書いたとおり、特許に基づくライセンスが必要な方法かどうかや所属する団体での特殊清掃の方法なども関係してきますので、自社でどういった方法で特殊清掃を行うのかを決めたうえでそろえていけばよいかと思います。特殊清掃で使用する薬剤やオゾン発生器などは何か資格がなければ購入できないといった商品でなく、一般に販売されているものですので購入自体は問題なくできます。ただし、薬剤や機材を適切に運用するにはしっかりとした知識が必要となりますので、機材をそろえられたからとりあえずやってみるというのは避けてください。

　特にオゾン発生器は、使用方法を間違えると人体に重大な影響を与えることもある機材ですので、取扱いには十分注意が必要です。以前知り合いの特殊清掃事業者から聞いた話では、オゾン発生器を人が住んでいる状況下で使用しているケースを聞いたことがあります。これは非常に危険な行為であり、特殊清掃で使用するオゾン発生器は高濃度のオゾンを発生させますので、場合によっては人体に重篤な危険を及ぼしかねません。オゾン発生器を使用した消臭作業や特殊清掃を行う際は必ず使用方法を確認したうえで使用するようにしてください。

(7)　各種袋類

　遺品整理の現場では自治体指定のごみ袋以外にも各種袋類が活躍します。特に布団袋と畳サイズの大きさが入る特大の袋は事故案件現場で活躍しますので、特殊清掃を業務範囲に入れられるのでしたら用意しておくべき資材の一つとなります。

　布団袋は複数の布団類を一つにまとめておける袋で引っ越しの作業

などで見かけたことがある人も多いかと思います。材質も防水加工の
された紙製から布製、不織布製など多数あり、作業に応じて使い分け
ることも可能です。遺品整理現場では配送品の布団でもない限り布団
袋は使い捨てになる可能性が高いので単価の安い布団袋で十分かと思
います。事故案件での汚損した布団などを入れる際は布団袋に入れる
前に防臭加工されたビニール袋に入れてから使用するなど工夫すれば
運び出しの際に近隣へ臭い等で不快な思いをさせなくて済みます。

　また、特殊清掃では汚れた畳を処分する依頼も多くありますので、
畳が入るサイズの特大の袋を用意しておくと非常に便利です。ホーム
センターなどでは大きくても120ℓサイズのビニール袋までしか扱っ
ていないところが多いですが、ネット販売では畳2枚をまとめて入れ
られるサイズの物も販売されていますので業務を始めた最初の頃はそ
うした市販の物を使用して、自社で使用しやすいサイズや素材がわ
かってきたら自社専用の畳袋を用意すればよいでしょう。

⑻　保険への加入

　遺品整理の現場は、大物家具の運び出しなどを伴う引っ越し作業に
類する業務となります。そのため、大物家具や冷蔵庫などの重量物を
階段で運んだり現場によっては短い時間で大量の家財を複数のスタッ
フで搬出しなければならないことも出てきます。

　現場のスタッフ全員がベテランばかりというのなら安心ですが、遺
品整理現場の規模によっては臨時で搬出要員としてアルバイトを雇わ
なければならないといったケースも考えられます。新人社員や臨時の
アルバイトなどは当然業務に精通しておらずベテランスタッフからし
たら信じられないようなミスをするかもしれません。

　遺品整理現場では基本的に廃棄する物が多いので、廃棄予定の物を
落として壊してしまったという場合はそれほど大きな問題にはなりま
せん。しかし、運んでいた荷物を他人の車にぶつけてしまったり、高
層階で台車に荷物を高く積み上げていたところ、風に煽られて荷物が

階下へ落下して人や物を傷つけてしまったなどの事故が起きてしまったら大問題です。

　そうしたトラブルは遺品整理を続けていくなかで大なり小なり起こるもので、筆者自身も天井付近の釘を抜いていた際に工具を落として窓ガラスを割ってしまったこともあれば、古い家屋の床下に詰め込まれていた荷物を引っ張り出した際にそばに配管されていた塩ビ管の水道パイプを折ってしまい、辺り一面水浸しにしてしまったこともあります。また、他の遺品整理事業者の例も含めれば、遺品整理現場とは別の隣家の農具を間違えて捨ててしまったり、賃貸物件の設備であるはずのエアコンを間違って処分してしまったり、エレベーターの養生が不十分でエレベーター内の鏡を割ってしまったなど、事故の事例はいくつでも出てきます。

　事故や損害に対してはやはり請負業者賠償責任保険等に加入しておき、万が一自社での支払いが困難な高額な賠償請求がされるような事故を起こしてしまった場合に備えておく必要があると考えます。

Column ••••••••••••••••••••••••••••••••

遺品整理業開業にあたり店舗や倉庫は必要か

　遺品整理業を始めようと考えている人は、事務所店舗や車両や資材の保管場所としての倉庫について頭を悩ませるかもしれません。これから仕事を始める人にとって営業の拠点となる店舗はまさに会社の顔ともいえます。人通りの多いところや交通の便の良いところに店舗を構えたくなるのは当然です。

　しかし、遺品整理業においては店舗の場所というのは自社の営業エリアの中心という意味以外には集客に関して大きな影響を与えることはないともいえます。もちろん、遺品整理業は誰かが亡くなった後の部屋の整理ですので人口が集中している地域のほうが依頼件数は多い傾向にあります。特に東京などの大都市と呼ばれる地域では単身者等も多いことから、遺品整理や事故案件の整理は他府県に比べて圧倒的に多いのも事実です。

　そうした遺品整理の総件数という意味では、地域的な差は確かに考慮すべきですが、人通りの多い道路に面した店舗や公共交通機関の利便性が良い立地という意味では遺品整理業を始めるにあたっては他業種のように最も重要とまではいえません。なぜなら、遺品整理の依頼は基本的に現地見積もりが必須であり、遺品整理の依頼は何はともあれ遺品整理の現場を遺品整理事業者自らが確認しなければ始まらないからです。もちろんメール等で現地の写真を送ってもらい概算金額を出すことはできますが、それでもあえて店舗に来店してもらう必要はないでしょう。

したがって、基本的に遺品整理業では依頼者の来店は想定しなくてもよく、結果的に集客や来店を見越した交通の利便性等も考慮しなくてもよくなります。むしろ、中心街より外れた地域で安く店舗や倉庫を借りることができるのでしたら運営面では固定費の削減につながり、公共交通機関がなくても高速道路等へのアクセスがよければ仕事もしやすく、中心街の店舗よりよっぽど適した店舗といえるかもしれません。ただし、近年の依頼者は依頼する遺品整理事業者がどういった会社なのかをホームページ等で確認したうえで依頼してくる人も多く、遺品整理現場が営業エリアから離れた地域の場合は不安に思うこともあるでしょうから、対応可能エリアの表示はしっかりとするようにしましょう。

　さらに、筆者のように小規模な事業形態からまずは始めてみたいとのことでしたら自宅での開業ということも可能です。必要な機材や設備のところでも書きましたが、遺品の回収を許可事業者に依頼して、再販可能な大型の品もリサイクルショップ等に引き取ってもらうような形で行う現地完結型ともいえる遺品整理作業の場合は、大型の車両も商品を保管する倉庫なども不要となりますので自宅での開業ということも難しくはありません。

　筆者自身も長年遺品整理を行いながら遺品整理専門の行政書士として活動していますが、遺品整理に使用する資材等は別で倉庫などを借りて保管しているわけではなく、すべて事務所として使用している３ＬＤＫのマンションの一室に保管しています。もちろん、１日に何件もの現場依頼をこなすような大規模な事務所ではこれだけの資材では到底足りないでしょうが、小規模での開業を行う場合でしたらこの程度のスペースがあれば遺品整理に使用する資材の保管は十分に可能

という実例となります。遺品整理業の開業の際は、遺品整理の依頼は誰がしてくるのか、遺品整理作業の進め方などをしっかりと考え、どの地域にどの程度の広さを持った店舗等が必要となるのかを考慮したうえで事務所選びをしていただければと思います。

●筆者自身の資材部屋の様子

5 遺品整理業のスタッフは人財

　遺品整理業を始めるうえで一番大事ともいえるのが、一緒に作業に従事してくれるスタッフです。筆者自身も勤務時代を含め長年遺品整理を行ってきていますが、遺品整理現場での「人財」という言葉の意味を実感しています。遺品整理の依頼は当然ながら毎回依頼内容が異なります。ワンルームマンションの整理もあれば、一戸建てや蔵付の大豪邸の場合もあるでしょう。時には自死や孤立死といった凄惨な現場の片付けもあるなどかなり働く人を選ぶ業種ともいえます。

　遺品整理業に必要とされる人材は、その特殊な業務内容から荷物を運べるだけの基礎体力があればよいというわけではありません。もちろん、重たい荷物を持って階段を何往復もできたり、台車での移動を事故なくスムーズに行うといった面も大事となりますがそれ以上に大事な資質があります。

　遺品整理の現場は、当然のことながら誰かが亡くなった後の家の片付けとなります。なかには何十年も前に亡くなった両親の実家の片付けという整理依頼もあるでしょうが、遺品整理業務の多くが亡くなってすぐの故人の部屋の整理となります。特に故人が賃貸物件に住んでいたようなケースでは賃貸料を払い続けることを避けるために、葬儀完了後すぐに遺品整理に着手されるケースが多く、故人の死と遺品整理の間隔までが短いことは珍しくありません。

　そうした遺族にとって悲しみのなかで行う遺品整理の現場で、遺品整理に従事するスタッフが大声で笑っていたり、室内に残っていた遺品で遊んでいたりしたらどうでしょうか。遺族としては当然良い印象は持たないでしょう。

　実際に遺品整理を行っている会社でも遺品整理を不用品回収か何か

と勘違いして、こうした遺品整理の現場にそぐわない言動や態度を取っているという話を聞くことがあります。もちろん、経営者はそうした部分もきちんと対応するのでしょうが、経営者のもとで働いているスタッフ全員がそうした気持ちを持てているかどうかは別であり、そうした意識を持ってくれているスタッフというのは非常に貴重な人財でもあります。

また、遺品整理の現場は高い倫理観を求められる現場でもあります。前述のとおり、遺品整理の現場では、現金を始めとした貴金属や高価なブランド品などが多数出てくることは珍しくはありません。当然、そうした貴重品に関しては依頼者へ返却すべきものなのですが、遺品整理会社が依頼者に黙って着服してしまうケースが業界でも問題となっています。遺品整理の現場では、依頼者が遠方に住んでいるような場合はそもそも作業には誰も立ち会っておらず遺品整理事業者のみで作業を進めることもありますし、遺族が立ち会っていたとしても、遺品整理の現場はたくさんのスタッフが一度に整理を行っているため、立ち会った遺族がすべての作業内容を監視できるというものでもありません。

そうした慌ただしい現場のなかで現金や貴金属などが出てきた場合に、スタッフの誰かが貴重品をポケットに入れてしまったとしてもおそらく誰も気付かずに終わってしまうことでしょう。しかし、そうした行為は、当然犯罪行為であり遺品整理事業者としてはあってはならないことです。一度でもそうした事件が起きてしまえば遺品整理事業者としての信頼は地の底まで落ちてしまい運営の危機となってもおかしくありません。そうした意味でも誠実に作業を行ってくれるスタッフはまさに「人財」といえるのです。

遺品整理業を行ううえで、事業規模に応じたスタッフを雇うことになるかと思います。当然いきなり遺品整理の現場を一人で任せるなんてことはせずにたくさんの現場へ同行させて見積もり方法や協力会社の手配の仕方、実際の遺品整理の作業の進め方等を指導されるでしょ

う。その際には、遺品整理を進めるうえでの技術的な面だけでなく遺品整理の現場で求められる態度や対応方法についても経営者をはじめとしたベテランスタッフから学ぶ機会をつくったり、講習等を実施したりして人材から人財へと育て上げてください。

　筆者自身もたくさんのスタッフに助けられて遺品整理を進めていますが、ベテランスタッフの一人が何人もの臨時スタッフよりも心強く感じています。

(1)　小規模での開業の場合

　「スタッフは何よりも大切」と書いたところではありますが、事業規模によっては最初からスタッフを雇うことができないということもあります。そうした小規模での開業の場合はどうしても搬出要員などで臨時のアルバイトを雇わないと遺品整理を完遂できないという状況も出てきます。

　しかし、臨時のアルバイトといっても依頼者から見たら同じ会社のスタッフであり、何か間違いが起これば会社の責任となってしまいますので、はじめて手伝ってもらうような臨時スタッフの場合はやはり何かしらの対策を講じる必要は出てきます。例えば、臨時のスタッフには室外での作業のみを担当してもらい室内作業には社員だけであたったり、作業時間の関係で室内作業もお願いしないといけない場合なら、貴重品が隠れている可能性の少ないキッチンや倉庫部分等の整理を担当してもらうなどの方法もあります。

　小規模事業者の場合は、たくさんのスタッフを雇用している遺品整理業者よりもより切実に人財のありがたさを実感すると思いますので、本書を手にとられた皆様が「このスタッフがいれば何も心配はいらない」と思える人財に出会えることを願っています。

(2) 臨時スタッフ

　遺品整理現場によってはマンパワーで乗り切らないといけない現場というものもあります。例えば、公営住宅の5階でエレベーターなしの現場であったり、事故案件現場で死臭が原因でエレベーターの使用を禁止された高層住宅の遺品整理などです。

　このような現場では、とにかく人手が必要でベテランスタッフだけではとても運びきれないということもあります。その場合は、臨時スタッフとしてアルバイト等を急遽雇うこともありますが、そんな都合でも人員が来てくれるのかというと、地域によっては難しい場合もあります。

　実際に臨時スタッフを手配しようと考えた場合は、人材派遣会社等に依頼することになりますが、人材派遣会社によっては事務員の派遣がメインで引っ越しに類する作業スタッフの手配は行っていないケースもありますので、急遽人員が必要になった場合などに備えて事前に各派遣会社などに要望する人材を派遣してもらえるのかは確認しておく必要があります。知り合いの遺品整理事業者等にヘルプに入ってもらえるのが作業面でも安心できて理想なのですが、繁忙期などはどこも忙しくて対応できないということもありますので、そのような事態に備えて臨時スタッフを手配できる状況だけは整えておくとよいでしょう。

第 2 章
遺品整理の依頼

　第 1 章では、遺品整理業を始める前段階の準備について話をしてきました。第 2 章では、実際の遺品整理の業務に触れていきたいと思います。

1 遺品整理の依頼はどこからくるのか？

　遺品整理業を始める際に一番心配なのは、「業務の依頼がくるのだろうか」ということではないでしょうか。遺品整理業の主な依頼ルートは、「ホームページを見た」「葬儀会社に紹介された」「高齢者施設や身元保証会社から紹介された」「不動産会社に紹介された」「以前に利用した知人から紹介された」「以前に別の家族で利用したことがある（リピーター）」などがあり、このほかに生協の会員サービスや会社の福利厚生の一環として割引されるサービスがあったから利用したなどもあります。

(1)　遺品整理事業者と葬儀会社の関係

　遺品整理事業者の一番の紹介元として挙げられるのはやはり「葬儀会社」になるかと思います。どこの遺品整理事業者も葬儀会社に対する営業には力を入れており、葬儀会社によっては複数の遺品整理事業者と提携しているケースもあります。筆者が遺品整理業界に飛び込んだ時代は遺品整理を専門に扱う事業者がほとんどなく、葬儀会社としても他に依頼する先がないということで営業に挨拶にいくと非常に歓迎されました。

　しかし、年を追うごとに遺品整理事業者の数も増加して現在では葬儀会社は選びたい放題の状況となっています。また、葬儀会社自身も葬儀施行後のアフターサービスの一環として遺品整理を行う別部門を立ち上げて遺品整理業に参入するといったケースも増えてきましたので、葬儀会社への営業はより厳しいものとなってきたといえます。

　葬儀会社からの紹介としては、葬儀を挙げた喪主などから会館の担当者が遺品整理について相談を受けた際に、提携の遺品整理事業者を

紹介してもらい、葬儀会社からの紹介案件に対して遺品整理を割引価格で提供したりします。また、葬儀会社としても大事な顧客を紹介する以上は紹介料の支払いを請求してきますので、紹介をもらった作業のうち利益の○％を紹介料として葬儀会社へ支払うなどの契約を結んでいることが多くあります。

　遺品整理事業者が少ないうちはこうした関係も問題なかったのですが、増えてくると葬儀会社としても選択肢が増える結果となり状況が変わってきました。また、近年は家族葬と呼ばれる以前と比べて低価格の葬儀が主流になりつつあり、これまでのような参列者が列をなすといった大規模な葬儀は行われなくなってきました。

　このような状況に追い打ちをかける形になったのが新型コロナウイルスの流行であり、感染拡大を防ぐ意味からも親族のみの小規模な葬儀を増加させる結果となっています。家族葬のような小規模の葬儀形態が増えてくれば当然葬儀会社としても売上が下がることになり、下がった売上を別の何かで補填しようと考えたときに矛先が向きやすいのが遺品整理を始めとした提携先からの紹介料となります。もちろんすべての葬儀会社がそうだとは限りませんが、より高い紹介料を支払ってくれる遺品整理事業者へ顧客を誘導して自社の利益につなげたいと考える葬儀会社がいるのも事実です。

　紹介料を支払ってでも定期的に仕事が入ってくるのは遺品整理事業者としては非常に運営の安定に寄与してくれる部分となりますが、より高い紹介料を支払う事業者が現れた場合には紹介案件が来なくなる危険性もありますので、紹介料だけではなく葬儀会社に信頼してもらえる遺品整理サービスを提供していく必要が出てきます。

⑵　紹介案件は紹介元の信頼を背負っている

　葬儀会社からの紹介案件はネット検索などで見積もり依頼をしてきた遺族等に比べて高い成約率があります。これは葬儀を挙げた遺族が「お世話になった葬儀会社が紹介するところなのだから間違いはない

だろう」といった信頼がそうさせているものでもあります。しかし、筆者は遺品整理会社での勤務時代に次のような失敗をしてしまいました。

　葬儀会社から紹介を受けた遺族から遺品整理に関する相談電話を受けたのが、たまたま台風のような強い風が吹いている日でした。その時は現場作業中ということもあり、外で転送電話を受けていたため風の音で遺族の声がなかなか聞こえず何度も聞き返していたところ、遺族が怒ってしまい紹介元の葬儀会社へクレームという形で連絡が入ってしまいました。「葬儀はとてもよかったのに、提携先は酷いところだった、提携を考え直したらどうだ！」と言われたそうで、その後は上司も巻き込んで葬儀会社へ始末書を提出することになってしまったのを今でも覚えています。幸いと言ってよいのか遺品整理事業者が少ない時代でしたので、事情を説明して謝罪することでその後も引き続き紹介をしてもらえていましたが、今の時代でしたらすぐに提携解消となってもおかしくないなと思う苦い思い出でもあります。

　葬儀会社に限らず他の事業者と提携する際は紹介料の高い安いも気になるところではありますが、紹介案件はその紹介元の信用力のうえで遺品整理につながっていることを自覚して丁寧な作業を心がけていくのが長いお付き合いの基礎となります。

(3)　ホームページで自社の強みを見せることが受注への第一歩

　その他の依頼ルートとして多いのは、やはりホームページです。遺品整理業界は何かと不正が横行しているイメージを持たれていることもあり、依頼する側は遺品整理事業者がどういった活動をしているのかをホームページ等で確認してから連絡をしてくるケースが増えてきたように感じます。

　ホームページからの見積もり依頼の場合、依頼者が他の事業者にも声を掛けているケースは珍しくなく、実際に見積もり現場に行ってみ

たら３社ほど別の遺品整理事業者がいたなんてこともありました。ホームページからの依頼はどうしても相見積もりが多くなってしまう傾向にありますが、この対処方法の一つが、遺品整理事業者としての独自性を持つということです。

　遺品整理業は遺品整理だけを行っている事業者もいれば、異業種を経営母体とした遺品整理も行っている事業者というのも多数存在します。副業的に遺品整理業を行っているのは本当の遺品整理事業者ではないという意見もありますが、筆者はそうとは考えていません。それぞれの本業における強みというものがあります。

　例えば、リサイクルショップが遺品整理業も行っているケースなら、豊富な知識を基に他の事業者なら廃棄してしまうような遺品に価値を見出して買取対象とすることで遺族の負担を減らすこともあるでしょうし、引っ越し会社が遺品整理を行っているケースなら、生前整理と高齢者施設への引っ越しをまとめて依頼できるといった他の業種にはない強みが出てきます。

　つまり、依頼する側の需要にどのように訴求できるかであり、他業種も経営しているのなら他業種で培った強みをホームページにも記載して、「この会社に依頼したい！」と思ってもらえるかどうかで、相見積もりによる値下げ合戦に巻き込まれないようになります。これから遺品整理業を始めようとする人は是非自社の強みを見出してください。

(4)　不動産会社や個人オーナーからの依頼について

　遺品整理の依頼ルートとしては、他にも「不動産会社」があります。これは遺品整理業を始めるうえでの提携先の項でも紹介したとおり、不動産会社とは仕事を紹介してもらったり、反対に仕事を紹介するような関係となります。依頼者が不動産管理会社や個人のオーナーのようなケースですと、管理している物件や部屋数が複数にのぼるこ

とも多く、信頼を勝ち取ることができれば定期的な依頼につなげることができるようになります。

　近年は賃貸物件の契約の際に保証会社の利用に併せて、高齢者が入居する際に孤立死等が起きた場合に備えて遺品整理費用や原状回復費用の一部が支払われる保険に加入しているケースも増えてきました。特に生活保護受給者を積極的に受け入れている賃貸物件では、こうした保険の活用は顕著であり、賃料は生活保護費から支払われ、万が一入居者が亡くなったとしても遺品整理費用等は保険金でまかなわれるというケースも珍しくはありません。

　一般の賃貸物件では入居を断られてしまう可能性の高い高齢者や低所得者はどうしても入居を認めてくれる賃貸物件に集まる傾向にあり、同じ賃貸物件にそうした高齢者が集まった結果、同じ賃貸マンションで年に何件も入居者が亡くなるということが起きたりもします。当然、管理会社や個人のオーナーは遺族がいない場合や、遺族が相続を放棄したようなケースでは遺品整理事業者を自ら手配することになりますので、信頼できる遺品整理事業者がいるのでしたら、そうした案件が出る度に遺品整理の依頼をもらえることになります。

(5)　長く営業を続けている事業者ほどリピート依頼は大事になる

　このほかに、葬儀会社や不動産会社からの紹介のように一般の遺族からのリピートというのも侮ってはいけません。一般の人にとって遺品整理というのは一生に一度か二度経験するかどうかといった出来事です。そうした慣れない作業に対して遺品整理はもちろん遺族への対応も丁寧にしっかりとしてくれた事業者というのは印象に残るものです。遺族としても誠実に対応してくれる遺品整理事業者を知っているのなら、万が一次の機会があったとしても、わざわざ別の事業者を探してまで依頼しようとはせずに、リピーターという形で再度依頼してくる可能性が高くなります。

また、残念なことに、遺品整理業界は悪い噂をよく聞くことも多く、国民生活センター等でも注意喚起のリーフレットを配っていることなどから、一般の人にとっては本当に良い遺品整理事業者というのは何を基準に選んだらよいのかがわからなくなっているのが現状です。

　そうした状況下で最も信用できるのが過去に実際に遺品整理を行ったことのある親戚や知人等からの紹介です。ネット上のホームページやチラシなどに記載されている「利用者からの声」には良いことしか書かれておらず、いまいち信用できないといった場合も親戚などが実際に利用した事業者なら安心して利用することができるため、過去に遺品整理サービスを利用した人からの紹介という形で依頼につながることも多くあります。

　遺品整理の依頼はどうしても単発の依頼になりやすいものですが、遺品整理の依頼だからこそ一期一会の精神をもって臨んでもらいたいと思います。

2　遺品整理業務の受注～完了までの流れ

　実際の遺品整理における見積もり依頼から遺品整理の完了までの流れを大まかに紹介しつつポイントごとに解説していきたいと思います。あくまで標準的な依頼内容に則した流れですので、必ずしもこの流れどおりにすべての遺品整理が進んでいくわけではありませんが、遺品整理全体を俯瞰しながらどのような作業や注意点があるのかを解説していきます。

(1)　実際の遺品整理業務の流れ

①依頼者からの相談電話（メール）・葬儀会社等からの紹介

②現地確認と依頼者からの各種聴取り作業

③賃貸物件の場合は管理会社等への確認

④見積もり作成・見積もり提示

⑤遺品整理の受注

⑥依頼者との日程調整

⑦各種協力業者の手配

⑧遺品整理の開始

⑨室内清掃

⑩完了確認

⑪集金

①　依頼者からの相談電話（メール）・葬儀会社等からの紹介

　遺品整理の依頼は、基本的に遺族からの相談電話やホームページの問合せフォームを介した相談または葬儀会社等の提携先からの紹介を

契機に始まります。紹介案件の場合はすぐに現地確認にまで話が進む
かと思いますが、ホームページ等を見て連絡してきた場合は他の事業
者にも声を掛けているケースもありますので、電話での対応がぎこち
なかったりするとそこで即終了ということもありえます。

　また、ホームページを見て連絡してきた人の多くが遺品整理の料金
についても事前に確認してきたうえで電話連絡してきていることが多
く、ホームページ上では「１K　33,000円〜」のように表記している
のに、電話で概算金額を聞いたら「10万〜20万円」と言われてしまう
と、「ホームページと全然違う！詐欺⁉」と思われてしまう可能性が
あります。消費者にとってどこの遺品整理事業者に依頼するかの大き
な決め手の一つが「料金」です。料金の高い安いだけで遺品整理事業
者を選ぶことの良し悪しはありますが、少しでも問合せの機会を増や
そうと思った場合、ホームページの料金表は他社より高くはしづらい
ものです。電話相談の際にホームページの価格との違いを指摘された
場合は、なぜ違っているのかを根拠をもとに説明できるようにはして
おく必要があります。

　初回の電話受付の際は、依頼者からの質問に答えるケースも多いで
すが、後日の現地確認に備えてこちらからも依頼者の状況について確
認しておく内容がいくつかあります。

　依頼者の連絡先や現地の住所などの確認はもちろんとして、そのほ
かにもいろいろと確認する事項があります。

- 故人が亡くなったのは故人所有の物件なのか、賃貸物件なのか
- 故人が亡くなってからどのくらいの日数が経過しているのか
- 依頼者と故人とはどういった関係なのか
- 自死や孤立死などが発生した現場なら、相続放棄の予定の有無や
  遺品整理にすぐに入れる状況なのか
- 事故発生現場で死臭や害虫などの苦情が近隣から出ている緊急案
  件なのかどうか　　など

こうした内容を確認しておくことで、遺品整理を急いでいるのかど

うかや、遺族が故人との関係について心の整理をする時間が十分取れているのかどうかを知ることができ、面会時の対応の参考にすることができるようになります。

②　現地確認と依頼者からの各種聴取り作業

　遺品整理を行ううえで一番重要ともいえるのが現地確認です。遺品整理は、「段取り八分」という言葉のとおり、実際の遺品整理作業開始までにどれだけ入念な準備をしたかで仕上がりが決まるといっても過言ではありません。遺品整理業における現地確認は、単に家財の量を計って見積書を作れば終わりというものではありません。

　ベテランの遺品整理事業者は、依頼者との現地確認の予定時間よりも早く現場に到着し、遺品整理現場の周辺を入念にチェックしているものです。具体的には、トラック等の車両進入ルートや駐車位置、自治体のゴミ回収日程の確認、マンション等ならエレベーターの広さや遺品整理現場の部屋までの距離と階段の位置、室内だけでなく物件周りに置かれた植栽やプランター等の状況、ポストの鍵の有無等です。遺品整理の依頼を受ける前であっても、実際に遺品整理を行うとなった場合のシミュレーションを行い、使用可能な車両や必要な人員の数、作業前に行っておくべき養生箇所やスタッフの移動ルートなどを割り出しておくことで過不足のない見積書の作成と作業当日のスムーズな遺品整理を実現しているのです。現地確認の時点から遺品整理は既に始まっているのだという意識で「遺品整理は段取り八分」を頭に現地確認に臨んでください。

　また、現地確認の際のポイントとして、遺族等による室内確認がどの程度できているのかも大事な点となります。遠方に住んでいる遺族からの依頼のようなケースでは、遺族も何十年ぶりに来たという場合もあれば、なかには初めて現地を訪れたなんてことも珍しくはありません。そうした場合は、当然遺族も室内の状況を正確に把握できておらず、故人がどういった生活をしており、どのような財産を持ってい

たのか不明なことも多く、遺品整理事業者としては財産調査の一端を担う必要も出てきますので責任は重大です。

　特に借金の有無は相続放棄の意思決定にもつながってきますので、玄関ポストに「督促状」や「債権回収会社からの手紙」、「消費者金融等からのお知らせハガキ」などが届いている場合は要注意です。督促状関係の書類や封筒は真っ赤な文字や封筒で危機感を煽るような見ためになっていることも多く、一見すればわかりそうな物ですが、長期間不在にしていた部屋ではチラシや広告などの中に埋もれてしまっているケースもよくあるため注意して見ておく必要があります。

　そうしたチラシや広告類を一つひとつ選り分けて督促状をはじめとした重要書類が隠れていないかを探し出すのも遺品整理業の大事な業務の一つとなります。書類や室内の貴重品を遺族が事前に確認しており、おおまかであっても既に遺族が把握している場合は、その分遺品整理事業者の負担も少なくなります。しかし、ほとんど確認できていないような場合ですと、貴重品捜索を担当するスタッフへの指示内容も変わってくることになりますので、遺族への聴取りはしっかりと行う必要があります。

　遺族への聴取り作業については、作業日程の希望や買取り品の交渉など基本的な内容は敢えて言う必要もないでしょうが、一般的な業務内容よりもむしろ思い出話に重点を置くとより質の高い遺品整理サービスを提供できるようになります。思い出話には、良い思い出もあれば悪い思い出もありますが、場合によっては故人と依頼者は疎遠な関係でまったく思い出なんてないなんてこともあるかもしれません。良い思い出ならそれにまつわる形見分けの品を探せる可能性もありますし、思い出が一切ないというケースなら遺品の処分の判断がその分付きやすくなったりもします。

　そうした事情は、現地確認の際に室内を見ながらすることでいろいろと思い出されてくるものであり、作業の際の参考になることが話のなかに隠れていることもしばしばです。特に「○○を集めるのが好き

だった」「○○の会社に勤めていた」「○○証券で株をやっていた」などの情報は、高価な骨董品を見つける機会になったり、会社の制服や備品の返却の必要性に気付いたり、場合によっては遺族が気付いていなかった資産の発見につながることもあったりします。

　遺品整理現場では、「あの時話を聞いていなかったら気付けなかった」という出来事は必ずありますので、現地確認の際は依頼者との世間話に花を咲かせてみるのもお勧めです。

ⅰ. 遺族の立会いなしで遺品整理事業者だけで現地確認を依頼された場合

　遺品整理の現地確認では、遺族が遠方に住んでいる場合や見積もり現場が事故案件のようなケースで、遺族から遺品整理事業者だけでの室内の確認をお願いされることがあります。遺品整理事業者が遺族からの依頼に基づいて入室して現地確認を行う行為自体は問題ありませんが、注意点としては依頼内容を明確にしておくことです。

　室内に入るためには家屋の鍵が必要となりますので、鍵を依頼者から送ってもらったり、賃貸物件の場合なら管理会社から鍵を受け取る必要が出てきます。依頼者が鍵を郵送する行為や賃貸物件の管理会社に鍵の貸し出しを依頼する行為自体が遺品整理事業者に入室許可を与えているとも考えられますが、可能なら「委任状」等を取ったうえで現地確認に臨むのがよいでしょう。

　また、現地確認を行っている際などに近隣住民から声を掛けられることがあり、通常は遺族から依頼を受けて室内を確認していると伝えれば納得します。しかし、直接声を掛けてくるわけではなく警察などに通報されてしまうと説明に手間取ってしまうこともありますので、そうした事態に備えて委任状等を用意しておくことが自分達の身を守ることにもつながります。

　筆者自身は遺品整理の現地確認の際に室内の財産調査等も行ったりしますので、室内で銀行の通帳などを見つけたような場合は、通帳の

記帳を行い現在の残高を確認したりもします。通帳の記帳だけでしたらATMで可能かと思われるかもしれませんが、通帳が古かったり通帳の磁気が弱まっていたりすると窓口で確認しなければならないこともありますので、そうした際に窓口で提示できるように委任状ほか、戸籍等も用意してから手続きに臨みます。ただ、窓口での確認行為は故人の口座の凍結にもつながる可能性が高く、家賃や光熱費の引き落とし等に影響が出る可能性がありますので、遺品整理事業者としてはそこまで行う必要はないと考えます。

　もし、そうした部分まで遺族から相談された場合は、提携している士業も交えて対処する方法を提示してあげましょう。士業に遺品整理の現地確認に同行してもらうことで、遺品整理業者単独で室内に入らなくて済むことになりますし、また相続財産の確認のために必要な資料等も士業がその場で回収できる等の利点もあります。遠方に住んでいる相続人は遺品整理が終わったとしても故人の死後の手続きや相続手続等が控えており、その手続きのために遠方から足を運ぶのは遺族の年齢によっては厳しいこともあります。そうした場合でも事前に相続専門の士業とつないでおいてあげることで相続手続きが非常にスムーズに進行できるようになり、遺族にも喜ばれる結果となります。

ⅱ．借金の調査はできる

　故人が借金をしていたかどうかは、下記の信用情報機関へ問い合わせることである程度調査することが可能となります。

信用情報機関の名称	主な調査対象
日本信用情報機構（JICC）	消費者金融に対する借入れ
全国銀行個人信用情報センター (KSC)	銀行に対する借入れ
割賦販売法・貸金業法指定信用情報機関（CIC）	クレジット会社に対する借入れ

信用情報機関への情報開示は相続人から行うことが可能ですが、必要書類の収集などもありますので、弁護士や司法書士等の士業へ調査の依頼を代行することも可能です。どういった場所からお金を借りていたのかがはっきりしている場合は、借入先の金融機関が加盟している信用情報機関へ問合せをすればよいですが、借金の有無がはっきりしないという場合は、３団体すべてに開示請求をして調査する必要があります。また、信用情報機関では個人間の貸し借りについては判明しませんので、例えば故人がいわゆる闇金業者と呼ばれるようなところから借りていた場合や故人の知り合いから借金していたようなケースは遺品のなかからそうした証書類を見つけない限り遺族が知る術はないことになります。

したがって、借用書等が見つかった場合は遺族へ必ず渡すようにしてください。貴重品捜索の甘い会社では古い書類などは中身を確認せずに処分してしまっているケースがあり大変危険です。古くて黄ばみが酷く破れかけているような書類が保管されているということは大事な書類だからこそ保管されているということでもあります。遺族に確認してもらった結果、不要というならその時に処分すればよいのであって、こちらが危険を犯してまで判断をする必要はありません。判断の難しい証書類はすべて遺族に確認してもらうようにしましょう。

iii. 電気や水道は使用できる状態か

遺品整理現場が何年も空き家だった場合や、事故案件で遺品整理までに相当な期間が空いてしまっているケースですと、現地の電気や水道が停止されていることがあります。遺品整理では作業や掃除の際に電気や水道は必ず使用しますので、これらが停められている状況であれば遺品整理作業の当日までに使用できる状況にしておかなければいけません。

また、事故案件のようなケースですと、玄関ポストなどに電気会社等から「料金未納のお知らせ」が投函されていることがよくありま

す。こうした料金未納のお知らせは、電気や水道を停める前段階でもありますので、現地確認の際には使用できていたのに、遺品整理当日には使用できなくなっていたということは起こりえます。未納料金のお知らせが届いていた場合は、遺族へ連絡して支払ってもらったり、または使用者を遺品整理事業者名に切り替えて作業期間だけ使用できるようにしておく必要があります。

　万が一作業当日に電気や水道が停められていたとしても最近はスマートメーターの普及で電気会社へ電話連絡すればすぐに使用できる状態にしてもらえたり、そうでなくても午前中に連絡すれば午後には使用できる状態にしてもらえる場合もあります。電気や水道が停まってしまっていた場合は、室内に残されている電気や水道の明細に記載されている「お客様番号」等を確認したうえで電気会社等へ連絡するようにしましょう。

iv.　レンタル品が残っていないか

　現地確認の際に注意して見てもらいたいポイントの一つがレンタル品の有無についてです。遺品整理の現場が高齢者の自宅などの場合は、生前の介護用品が残っている場合があります。介護用品のなかには、介護事業者からのレンタル品が残っているケースもありますので、レンタル品があった場合は遺族から介護事業者等へ連絡してもらい遺品整理作業前に回収してもらうようにしましょう。間違って捨ててしまうと弁償等の問題も出てきますので、介護ベッドや歩行器、浴室で使用する手すりや椅子などが室内に残されている場合は、遺族にレンタル品かどうかを確認してから作業に着手しましょう。

　また、介護用品以外にも、インターネットを使用するために回線事業者からレンタルしているモデムや賃貸物件で専門チャンネル等を視聴するための専用機器などが室内に設置されていることがあります。

　レンタル機器には「これはレンタル機器です、解約時に返却が必要となります。詳しくは○○までご連絡ください」のように大きく書か

●回線事業者から送られてきた返却専用の封筒

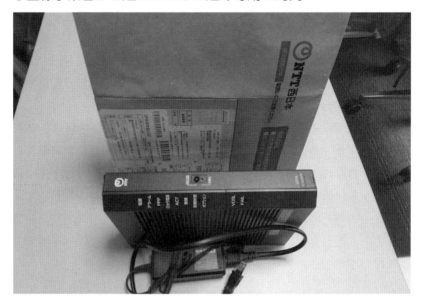

※　回線事業者によっては返却専用の封筒を送ってくれたりもします。

れているケースもありますが、なかには何も記載されていないことも
あります。心配な場合は直接事業者へ連絡してレンタル品かどうかを
確認したり、料金明細書にレンタル料などの記載がないかを確認する
ようにしましょう。

　その他、意外なレンタル品として「黒電話」があります。黒電話
は、買取りのケースとレンタルのケースがありますので、レンタルの
場合は、返却する必要があります。これも上の写真と同様にNTTへ
連絡すれば返却用の封筒を送ってくれますので、返却手続を忘れずに
行いましょう。黒電話の場合は、遺族も買取り品かレンタル品かわか
らないケースがほとんどですので、遺族からNTTへ連絡してもらい
どのような状況なのかを確認してもらうのが最善です。

ⅴ．貴重品や形見の品が室内に残っている場合

　現地確認の際にはタンスや押し入れの中を確認します。その際に現金や貴金属などの貴重品や登記済証書（権利書）、場合によっては遺言書などの重要書類が見つかることもあります。そうした貴重品類については見つかった時点で遺族へ持ち帰ってもらうほうが紛失トラブル等を防ぐことにつながります。

　また、形見分けの品など現地確認の際には持ち帰らないが、遺品整理作業の際に持ち帰る品などは間違って処分してしまわないように養生テープ等で目印を付けておくようにしましょう。目印の付け方は各社で決めればよいのですが、必ずスタッフ全員に目印の意味を周知させてください。見積もり担当者だけが判断できる目印を付けてしまうと、当日のスタッフが間違って処分に回してしまう危険性が出てきます。

ⅵ．金庫がある場合

　現地確認の際に家庭用の金庫を見つけることがあります。遺族が既に中を確認して空になっている状況であれば問題ありませんが、場合によっては金庫の暗証番号や鍵の行方がわからず開かずの金庫になっていることもあります。そうした場合は、遺品整理の作業中に暗証番号や鍵を見つけて開錠するか、鍵屋に開錠依頼を出すか、破壊してもよい場合なら遺品整理事業者にて扉を破壊して開錠したりもします。筆者の経験では、お菓子の蓋の裏に暗証番号が書かれていたことがありました。金庫を開錠する際は、いらぬ疑いを避ける意味でも可能な限り依頼者立会いのもとで行いましょう。

ⅶ．駐車位置の確認

　現地確認の際には、車両の駐車位置を必ず確認する必要があります。駐車位置によっては搬出場所からかなりの距離をスタッフが台車等で移動させなくてはならなくなり、作業時間に与える影響も大きな

ものとなります。大規模なマンションや公営住宅のようなケースでし
たら引っ越し用のスペースが確保されていたりしますので問題ありま
せんが、郊外の住宅地のようなケースですと道幅が狭く大型車両を停
めてしまうと道路を塞いでしまって通行の妨げになることもありま
す。

　そのような場合は、遺族に駐車スペースとして利用できる場所がな
いかを確認したり、近所の人に協力をお願いしたりして当日の作業に
影響がないようにしておかなければいけません。どうしても長時間車
両を停めることができないような場合は、事前に搬出物を積み込み可
能な状態までにしておき回収事業者が来たら短時間で積め込めるよう
にしておくなどの方法で対応することになります。

　また、公営住宅の場合などは、駐車スペースがあっても普段は駐車
できないようにポール等が立てられていることもあります。こうした
駐禁ポールには無断駐車を防ぐために南京錠で鍵が掛けられているこ
とも多く、この鍵を管理事務所や自治会長等が管理しています。遺品
整理作業当日はこの駐禁ポールを取り外せるように予め管理事務所や
自治会長に開錠依頼をしておく必要があり、遺品整理当日に開錠をお
願いすればよいと考えていると、管理事務所が休みの日だったり自治
会長が不在で開錠してもらえないなんてことも起きますので、必ず作
業前に開錠方法を確認しておきましょう。

viii. 搬出ルート・搬出方法の確認

　現地確認の最後の注意点として家財の搬出ルートや搬出方法の確認
があります。遺品整理現場で搬出する家財のほとんどは、一度は屋外
から搬入しているのですから、搬出することも可能なはずです。しか
し、古い家屋の遺品整理のようなケースでは住人の高齢化に伴って階
段や廊下に後から手すり等を設置しているケースもあり、その手すり
に家財が引っかかってしまい搬出できなくなっているということがあ
ります。

よくあるケースとしては、戸建ての二階部分を倉庫のようにしており、大物家具が大量に置いてあるケースで階段部分に後から手すりを付けてしまったようなケースでしょうか。ただでさえ狭い階段部分に手すりが付いてしまっているため、通常の方法では運び出せず、遺品整理作業当日に手すりの取外し作業やロープでの吊り作業または解体しての運び出しなどが必要となることがあります。大物家具の吊り作業は建物に傷を付けたり落下の危険性もあるので、解体可能な物であれば解体して搬出するほうが安全です。しかし、遺品の解体については遺族が難色を示すこともありますので、解体をする場合は遺族にも了承を取っておく必要があります。当日いきなりタンス等を破壊してしまうと「なんて乱暴な会社なんだ！」と怒られてしまいますが、現地確認の際に搬出ルートを一緒に見てもらいながら解体の必要性をきちんと説明しておけば断られることはまずありません。

　現地確認の際には、養生箇所の確認も忘れずに行うようにしましょう。解体予定の現場の場合でしたら養生等せずに作業を行うこともありますが、集合住宅のエレベーターやエントランス扉をはじめ、住宅の玄関周りや階段周りなどのスタッフが大物家具などを持って移動する箇所に養生を行っておくと搬出するスペースがギリギリの家具などを運ぶ際にスタッフが安心して運べるようになります。

　また、タワーマンションのような高級分譲マンションの場合、配達事業者等の台車使用が禁止となっているケースがありますので注意が必要です。そうした場合、すべての家財をマンパワーで運び出すのか、台車用の養生を敷いたうえ作業をするのか等で作業方法も変わってきますので、養生の必要な箇所を確認する際に合わせて台車の使用が禁止になっていたりしないか確認しておく必要があります。

③　賃貸物件の場合は管理会社等への確認

　遺品整理の現場が故人の持ち家のようなケースでしたら遺族が自由に作業方法を指定すればよいのですが、賃貸物件の場合はそうはいき

ません。

　賃貸物件には、エアコン等の入居時に設備として取り付けられていた物品もあり、そうした設備は当然撤去してしまうわけにはいきません。室内に賃貸借契約書が残っていれば、入居時の設備等も記載されていますので一目瞭然ですが、契約書の所在が不明な場合はやはり管理会社やオーナー等へ直接確認する必要が出てくるでしょう。

　また、集合住宅での遺品整理作業では事前に作業告知（作業のお知らせ）等を掲示板へ出しておかないといけないケースもありますので、こうした掲示物が必要なのかどうかも確認する必要が出てきます。管理会社等によっては、リフォーム工事等と異なり短時間で終了する遺品整理作業については特別な告知は必要ないとしているところもあります。しかし、管理会社が不要と考えても実際に住んでいる入居者にとっては、遺品整理作業中の音や振動、エレベーターの長時間使用等で不便があると「工事のお知らせが貼ってないではないか！」と怒ってくることもありますので、工事のお知らせ等の掲示物はなるべく貼らせてもらう方向で話しをしておくほうがよいかと考えます。

　遺品整理の現場が戸建てのケースでも、長時間大型トラックを停めていたり、多数の作業スタッフが行き来するような場合は現地確認の際に依頼者と一緒に挨拶回りをしておくのも近隣トラブルを防ぐ意味では有効な手段です。特殊なケースかもしれませんが、大量の遺品を一度に積み込むためにパッカー車を使用して破砕しながら作業を進めるケースもあります。そうした場合は家具やプラスチック製品を潰す際にかなりの音が出ますので、大きな作業音が出ることが予想される場合は近隣への挨拶は必ずしておくようにしましょう。

④　見積もり作成・見積もり提示

　現地確認が終われば遺品整理現場の状況に応じて各種協力事業者や人員の手配等に必要な料金を算出して見積書を依頼者へと提示します。見積書の作成や提示については、事業者によって方法が異なり、

現地確認をしたその場ですぐに見積書も作成して依頼者へ交付する事業者もいれば、いったん持ち帰った後に電話やメール等で見積金額を伝える会社もあるでしょう。どちらが良いというものではありませんが、遺品整理の案件の多くが急ぎの作業を希望されている遺族が多いこともあり、現地確認の際に見積金額がわかるならすぐに正式な依頼をもらえるケースが多いのは確かです。また、遺品整理を急いでいる遺族の多くが遠方から来ているケースや仕事を休んで対応しているケースもあるため、見積金額がすぐにわかり、作業日程の打ち合わせもその場でできるのなら遺族側の予定も組みやすくなるので喜ばれます。

　見積書の提示で注意してもらいたいのが、無理な受注を迫らないことです。遺品整理事業者のなかには作業依頼を受けるために、見積もりに立ち会った遺族にかなり強引に契約を迫るケースがあります。見積もりに立ち会った遺族は必ずしも作業依頼について決定権を有しているとは限らず、見積もりをもらった後に家族と確認したうえでどこの遺品整理事業者に依頼するのかを決めようと考えているケースもあるはずです。そうした遺族に対して「契約するまで帰りません」や「他の家族にも電話で見積金額で良いかどうか確認してみてください」などの半ば遺品整理の押し売りのようになってしまうと、場合によっては「不退去罪」等の犯罪行為に該当してしまうこともありますので、無理な押し売りは絶対にやめましょう。

⑤　遺品整理の受注・⑥　依頼者との日程調整・⑦　各種協力事業者の手配

　見積金額の提示まで進めば後は実際に依頼をするかどうかは依頼者の判断に委ねられることになります。見積金額や作業内容の説明について納得されていれば現地確認の際にそのまま依頼を受けることもありますし、立会いした人は納得していても家族にも相談しなければ決められないというケースもあるでしょう。

正式な依頼を受けた場合は実際の作業日程などを決めていくことになりますが、日程の決め方としては、依頼者が作業に立ち会う場合は依頼者の日程に合わせていくのは当然ですが、一般廃棄物の収集運搬事業者に回収を依頼するケースでは、自治体の処分場が開いている時間帯にしか回収には応じられないということもありますので、土日での作業希望の場合は回収事業者との時間調整も必要となってきます。

　そのほかにも自治体によっては、一般廃棄物の許可事業者が回収する場合であっても自治体の担当者が搬出される家財の種類や量を確認しないと処分場への持込みを認めないケースや回収事業者が積み込んだ後に役場へ寄って処分場へ持ち込む家財の確認を受けたうえでなければ持込みを認めないというケース等もあります。その場合は、遺品整理を行う地域の処分方法がどういった方法なのかは依頼者との日程調整に入る前に確認しておくべきこととなります。

　また、1〜4月頃は引っ越しシーズンに重なりますので遺品整理の作業が他の引っ越し作業と被ってしまうことも想定されます。エレベーターを両者が同時に使用するとなると思うように搬出作業が進まないといったケースもありますので、この時期の作業予定時間は余裕をもった調整が必要となります。

　引っ越し作業以外にも、マンションのリフォーム工事やエレベーターの点検日なども注意が必要です。特にエレベーターの点検日に遺品整理の日程を組んでしまうと大変なことになりますので、工事や点検の予定がないかなどは掲示板を確認したり、現地の管理人や管理会社に確認しておく必要があります。

　依頼者と作業日程について話している際に、完了予定時刻を聞かれると思います。遠方から来ている依頼者の場合、その日に帰れるのか、もう一泊必要なのかどうかを判断する重要なところですので気になるのは当然です。遺品整理業を行っていれば物件の種類や部屋数、家財の量などからある程度の完了予定時刻は予測可能かと思われますが、遺品整理現場ではトラブルも付き物ですので、ある程度の余裕を

もった時間を伝えておくべきです。

　筆者の失敗談となりますが、家財撤去後の室内が思っていた以上に汚れていたので念入りに清掃していたところ依頼者へ伝えていた完了予定時刻を過ぎてしまったことがあります。もともと完了予定時刻は幅をもって伝えてありましたが、依頼者は一番早いタイミングの完了予定時刻でタクシーを手配しており、結果的にそのタクシーはキャンセルすることになってしまったことがありました。遠方から来ている方へは遺品整理後の予定なども確認したうえで完了予定時刻を伝えないといけないなと反省しきりの出来事でした。

ⅰ．仏壇の魂抜きはどのタイミングで行うべきか

　遺品整理の現場に仏壇などがある場合は、遺品整理の作業前に仏壇の魂抜き等を住職に行ってもらったうえで遺品整理の作業を開始するのが一般的ではあります。ただ、遺品整理事業者によっては、仏壇に限らず遺影や位牌、各種人形や写真類などの目のある品やその他の故人の思い出の品などを依頼者からまとめて預かり、いったん自社の倉庫等に保管したうえで、複数の依頼者からの供養品がある程度溜まっ

た時点で住職等を招いて合同供養を行うサービスを提供している会社もあります。

　葬儀会社が会員や地域の住民に向けて行う人形供養のようなサービスですが、多数の品を一度に供養することで、住職等を現場毎に手配しなくて済み、料金も個別手配の場合に比べて安く抑えることができることから人気のサービスとなっています。供養方法について依頼者が強い希望を持っているという場合でなければこうした方法を自社のサービスに取り入れてみるのもよいかもしれません。

⑧　遺品整理の開始

　ここまでの準備が終わっていれば後は実際の作業開始となります。遺族が立会いをしてくれる場合でしたら、作業開始直前に見積もり内容と変わったことがないかの最終確認や貴重品や持ち帰り品が残っている場合は誤って処分してしまわないようにあらかじめ貴重品関係を一箇所にまとめておくなどしておくと安全です。

　遺品整理現場でのトラブルの原因の一つは、情報の共有がなされていないことです。例えば、現地確認をした見積もり担当者と作業当日の担当者が異なっている会社の場合ですと、見積もり担当者が依頼者から聞いていた内容を作業担当者に伝え忘れており、形見の品として持ち帰る予定だった物を誤って廃棄してしまった等が事故として起こりやすい例です。

　それ以外にも人手が足りない現場で臨時のアルバイト等を交えて作業を行っているような場合は、ベテランスタッフなら言わなくても理解していることであっても、臨時スタッフはまったく理解していないなんてこともあります。

　そうしたトラブルを防ぐ意味でも、作業に着手する前にスタッフ全員で室内の確認を行い、処分してはいけない物や搬出の手順などを再度徹底しておく必要があります。

ⅰ．遺品整理現場でいうところの「貴重品」とは何か

　遺品整理現場でいうところの「貴重品」とは、必ずしも現金や貴金属といった金銭的価値のある物だけを指しているわけではなく、「遺族の確認を必要する物」と捉えるのが正しい認識かもしれません。

　以下、貴重品と考えられている代表的な物を列挙していきます。

- 現金、預貯金通帳、クレジットカード（ネット口座の存在を示すハガキ類なども）
- 株式の取引履歴等の証券会社から届いた資料
- 免許証、保険証、印鑑手帳（カード）マイナンバーカード、年金手帳、敬老パス、パスポート等の行政手続きに必要となる資料
- 切手や貴金属、ブランド品、骨董品・絵画などの市場価値のある物
- 光熱費の明細書、各種契約書類（賃貸借契約書・回線契約書・サブスク契約に関する資料など）
- 督促状や借用書等の負債に関する資料
- 登記済み証、不動産の売買契約書、生命保険等の保険契約資料
- 部屋の鍵をはじめとした鍵類、建物設備の取扱い説明書等
- 勤め先の制服や会社の備品等
- 遺言書やエンディングノート
- 支払い期間内の宝くじ
- PC やスマートフォン、USB メモリーなどの記録媒体
- 写真やその他の思い出の品、趣味の品

　以下、特に注意が必要な貴重品ついて補足説明を加えていきます。

ⅱ．光熱費関係の利用明細は最新の物を保管しておくと親切

　毎月ポストに投函される光熱費の利用明細には「お客様番号」や連絡先が記載されているため、依頼者が停止連絡をする際に明細の内容を確認しながら連絡をすると停止元の確認等がスムーズにできますので、利用明細等が室内に残っている場合は最新の物を一枚確保しておいてあげるとよいでしょう。

iii. 不動産の売買契約書は絶対に捨ててはいけない

不動産関係の資料が見つかる場合は、大抵不動産会社の封筒やファイル等に登記済証や購入当時のパンフレットなどとまとめて保管されています。

過去の不動産購入時の売買契約書等は捨ててもよいように感じますが、相続人が不動産を売却する際に譲渡所得税を計算するうえでの大事な資料になりますので、見つけた場合は一式すべてを遺族へ引き渡すようにしてください。遺品整理事業者が勝手な判断で登記済証（権利証）だけを抜いてその他の資料を処分してしまったりすると、遺族が払わなくてもよい税金を支払うことになってしまうかもしれません。

iv. チラシや新聞の余白に書かれた遺言も遺言書となりえる

遺言書やエンディングノートは、故人が生前どのような考えを持っていたのかを知る大切な資料となります。特に遺言書は、その後の相続手続において非常に重要な書面となりますので絶対に処分してはいけません。

遺品整理の現場には、広告のチラシの裏に走り書きのような文字で遺言が書かれているケースもあります。遺言書は、法定の要件さえ満たしていればチラシの裏に書かれていたものでも遺言書として成立す

●遺品整理現場で見つかった実際の遺言書

る可能性がありますので、そうした内容の書面を見つけた場合は、勝手な判断をせずに遺族へと引き渡して専門家に確認してもらうように案内してください。

　遺言書は一見何の変哲もない封筒に入っていることもあります。中身を確認せずに捨ててしまうと大変なことになりますので、封筒に入っている書面はすべて内容を確認するようにしましょう。ただし、封印された封筒に入っている自筆証書遺言は、家庭裁判所での開封（検認）が求められますので、「遺言書」と表に書かれている封印されている封筒を見つけた場合は、開封せずに依頼者へと引き渡しましょう。

　また、遺言書の現物がない場合でも「〇〇公証人役場」と書かれた封筒が室内にある場合や、「保管証」と書かれた法務局で遺言書の保管をしていることを示す書類が出てきた場合は、公証人役場または法務局に遺言書が保管されている可能性が高くなりますので、見つけた場合は依頼者に各機関へ連絡して遺言書の有無を確認するように案内してあげてください。

ⅴ．支払い期間内の宝くじは要注意

　遺品整理事業者が確認せずに捨ててしまいがちな物の一つが、「宝くじ」です。令和３年度に確定した時効当せん金は、なんと112億円でした。

　遺品整理現場からは宝くじもたくさん見つかりますが、その多くが古い宝くじであったり、輪ゴムでひとまとめにされた確認済みの宝くじであったりします。流れ作業で処分に回してしまいそうな物ですが、遺品整理現場では未開封の宝くじもゴロゴロと出てきます。未開封の宝くじや支払い期限内の宝くじを見つけた場合は必ず遺族へ渡すようにしてください。

vi. デジタル遺品にも注意を払う必要あり

　PC やスマートフォン、USB メモリー等の記録媒体等も注意が必要です。近年はデジタル遺品と呼ばれる電子機器内に保存されたデータが大切な財産となっているケースがあります。旅行先で撮影した思い出のワンショットなどは大切な遺品の一つでもありますし、場合によっては、故人がネット口座やネット証券を利用していたような場合は PC やスマートフォンにしかその手がかりが残されていないこともあります。PC やスマートフォンを見つけた場合は、必ず本体のみだけでなく電源ケーブルなどもセットで遺族へ渡せるようにしてください。

Column ·······························

繰越済み通帳は捨ててもよいのか？

　遺品整理現場では繰越済みの通帳が大量に見つかることがあり、「この繰越済みの通帳は捨ててしまってもよいのか？」と遺族から相談されることもあります。繰越済みの通帳は、金融機関との取引を示す大事な資料ではありますが、最新の通帳が見つかっているのでしたら通常は処分してしまって問題ないように感じます。

　しかし、通帳の取引履歴には遺族が知らない契約先への支払いやネット口座への振込履歴などが残っていることもあり財産調査や負債調査の大事な資料となることもありますので、繰越済み通帳であっても遺族へ貴重品として引き渡す必要があります。特に故人が資産家で相続税の支払いが発生する可能性があるような人の場合は、税理士が過去5年分程度の通帳を遡って確認し、故人の資産状況やお金の流れを確認することがあります。実際に相続専門の税理士が通帳を確認したところ、引き出されたお金に使用した痕跡がないとのことで、遺族が故人の自宅を再調査したところ、多額のタンス預金が見つかったという事例もありますので、繰越済みの通帳であってもその扱いは慎重に行わなければいけません。

　仮に繰越済みの通帳がなかった場合や誤って処分してしまったとしても、金融機関から過去の取引履歴を取得することはできますので、対応は可能ではあります。しかし、金融機関から取引履歴を取得するには時間や手間も掛かりますので、できるなら繰越済みの通帳を利用できたほうが遺族とし

ては負担が少ないです。遺品整理事業者としても、繰越済み
通帳には注意を払うようにしてください。

⑨　室内清掃・⑩　完了確認

　家財の撤去完了後は清掃作業を行い遺品整理は完了となります。清
掃作業は室内のみだけでなく、マンションなどの共用部やエレベー
ター内など作業で使用したルートはすべて清掃するのが基本です。

　古い賃貸物件の場合、木枠部分に故人が釘やネジを打ち込んでいる
ケースがあり、こうしたネジ類は工具がないと取り外しができないの
で、遺族が困らないように清掃作業時に撤去しておきましょう。

　清掃完了後は、遺族との完了確認を行い依頼内容どおりに遺品整理
が実施されているのかどうかや設備類を間違って処分してしまってい
ないかなど立会い確認をしてもらい作業完了となります。

　遠方からの依頼で遺族が完了確認に立ち会えないケースもあります
ので、そうした場合は作業後の室内の状況を撮影してメール等で送っ
て完了確認をしてもらうこともあります。

⑪　集　金

　遺品整理費用の支払いは、一般的には作業完了後に集金としている
ケースが多いですが、遺品整理費用は現場の状況によってはかなりの
高額になるケースもありますので、依頼状況に応じて半金だけ前金で
支払ってもらうということもあります。

　遺品整理は遺族からの依頼で故人の部屋を整理するという性質上、
見積書や打ち合わせしたとおりに遺品整理が行われた以上、遺族が支
払いを拒むということはまずありません。ただ、そうした遺品整理の
現場であってもごく稀に費用を踏み倒して音信不通になってしまう依
頼者もいますので、依頼内容や費用総額に応じて支払い方法を段階的

に変えていくなどの自衛策は考えておく必要があるかもしれません。

　また、支払い方法についても以前までは作業完了後に現金払いというケースが多かったように感じますが、近年は現金や振込みに限らずクレジット決済や電子マネーでの決済に応じている事業者もあり、決済方法は多様化してきています。遺品整理の作業費用は現場の状況によってはかなり高額な支払いとなるケースも多いので、事業規模に応じてそうした決済方法を準備しておくとよいかもしれません。

Column ••••••••••••••••••••••••••••••••••••

遺品整理の生前予約と死後事務委任契約

　遺品整理の業務範囲の一つとして、「生前整理」や「生前予約」を仕事として行っている遺品整理事業者はたくさんいます。生前整理は、本人が元気なうちに自宅の不用品等を処分して残された家族が自分の遺品整理で困らないようにしておくお手伝いともいえます。

　また、生前整理は本人が整理をする意思を持っていればすぐにでも実行できるものですが、「生前予約」は万が一自分に何かあった際に備えるもので、遺品整理事業者の選定や遺品整理の方法、遺品整理に掛かる費用などで家族が困らないようにしておきたい人が利用するサービスでもあります。

　遺品整理事業者としては、生前予約を受けることで将来的な遺品整理の依頼件数の増加を見込めることとなり、家族も本人が生前予約をしていることで故人がどういった考えで自宅の整理を望んでいたのかを知ることができますし、遺品のなかから貴重品や故人が託したかった品などを簡単に見つけることができるようになるなどのメリットがあります。また、本人が事前に選んだ事業者でかつ遺品整理に掛かる費用なども予め本人が了承しているのなら、わざわざ複数の遺品整理事業者から見積もりを取る必要もなくなります。生前予約があることで遺族としても負担が減ることにつながりますので、最近では遺品整理の生前予約を終活の一環として積極的に勧めていることも珍しくはありません。

　ただ、生前予約には欠点もあります。それはせっかく本人

が生前予約をしていてもそれが必ず指定の遺品整理事業者で実行されるとは限らないということです。なぜなら、遺品整理の生前予約はあくまで現在の自宅を整理した場合の見積書を渡しているに過ぎず、いまだ契約にまで至っていないケースがほとんどだからです。

　生前予約を実際に依頼につなげるには、本人が生前予約で取った見積書を将来自分の遺品整理を行うだろう家族に預けたり、自分の遺品整理はこの事業者で行ってもらうように家族に頼んでおいてもらう必要があります。生前予約で取った見積書を自宅に保管しているだけですと、遺族がその内容を知らずに別の遺品整理事業者を手配してしまう可能性もありますし、仮に遺族へ生前予約に関する見積書を渡していたとしても遺族がその遺品整理事業者には頼みたくないと考えた場合はやはり生前予約は「予約」だけで終わってしまうことになってしまいます。また、こうした生前予約は遺品整理を行ってくれる家族がいる人よりも、そうした片付けを行ってくれる家族や親戚がいない人のほうがより切実に生前のうちから準備をしておきたいと考えているものです。

　では、遺品整理事業者へ遺品整理の依頼をしてくれる家族や親戚がいない場合に遺品整理を予め契約までしておくことは可能なのか、というと「死後事務委任契約」という方法を使えばこうした遺品整理の生前契約も可能となります。「死後事務委任契約」とは、本人が元気なうちにあらかじめ信用する第三者に対して自分の死後に行ってほしい業務を依頼しておく契約です。一般的に死後事務委任契約は遺品整理の生前契約のために結ぶ契約ではなく、その多くが葬儀や埋納骨、行政機関への届出、未払いの公共料金の支払いや契約の解除等、本人死亡後に必要な手続きをまとめて第三者に依頼

する際などに利用される契約方法で、遺品整理はそうした死後に必要となる手続きのうちの一つとして行われることになります。ただ、たくさんある死後事務の一環として行われるとしても死後事務委任契約は見積書を渡すだけの生前予約とは異なり、法的拘束力のある契約行為として行われるため、仮に遺族が反対したとしても原則契約者たる本人の意思が優先され、遺品整理の予約がそのまま遺品整理の依頼へとつながる契約形態でもあります。

　また、家族や親戚がいない人の場合であっても、本人が信頼する第三者が契約内容を履行する死後事務受任者として活動するため、遺品整理を含めた死後に必要な手続きが滞りなく進められることとなります。死後の手続きを行ってくれる家族等がいない人の場合は、たとえ遺品整理の問題が解決したとしてもその他にも問題は山積しているケースがほとんどですので、そのような人から生前予約の相談を受けた場合は、死後事務委任契約の活用と死後事務委任契約を専門に扱う士業等を紹介してあげると「そんな方法があるのか！」と喜んでもらえることになります。

　遺品整理事業者としても、死後事務委任契約書に遺品整理を行う事業者として自社を指定しておいてもらうことで死後事務受任者は基本的に他の遺品整理事業者へ依頼をすることができなくなりますので、生前予約よりも確実な依頼件数のアップにつなげることが可能となります。

	生前予約	死後事務委任契約
依頼者	遺　族	本人（故人）
家族や親戚がいない人	対応不可	対応可能
契約の時期	相続発生後 （本人死亡後）	相続発生前 （本人死亡前）
法定拘束力	な　し	あ　り
手続き費用	なし （見積事業者による）	基本必要

※　遺品整理事業者が直接死後事務受任者となることも可能ですが、死後
　事務委任契約は締結後すぐに執行されるものではなく、契約から本人が
　亡くなるまでの長期間にわたって安否確認や契約の見直し業務など本人
　との関係を維持する必要のある契約となります。死後事務委任契約書に
　遺品整理を行う指定業者として記載してもらうだけのほうが過大な責任
　や負担を負わないで済むことになります。

3 自死や孤立死等の事故案件依頼の 対応方法について

　特殊清掃を業務範囲に入れている場合は、自死や孤立死等の事故案件の依頼を受けることになるため、そうした事故案件を受ける場合の流れや注意点について解説していきます。

(1)　相続放棄をするのかどうか

　遺品整理事業者が特殊清掃を含んだ事故案件の遺品整理の相談を受けた場合にまず確認する必要があるのが「相続放棄」についてです。

　相続放棄の効果については第1章で詳しく解説していますが、遺族が相続放棄をすることに決めている場合は、基本的には特殊清掃や遺品整理を行う必要はなくなります。しかし、事案によっては相続放棄をしたうえで遺品整理を行わないといけない場合があります。

①　連帯保証人の責任は相続放棄では免れない

　相続放棄をしたうえで遺品整理を行うケースとしては、貸主に迷惑をかけないために本来する必要のない遺品整理を敢えて行うケースと、遺族が賃貸借契約の連帯保証人となっているケースがあります。現在の賃貸借契約では保証会社の利用率が高く親族が連帯保証人になっている契約は減少しつつありますが、入居期間が長い人が亡くなったケースでは賃貸借契約も古い契約がまだまだ残っており、連帯保証人として親族が記載されている契約書も少なくありません。賃貸物件での事故案件の場合の注意点として、連帯保証人の責任は相続放棄では放棄できないという点が挙げられます。

　相続放棄は、相続で発生する権利義務を放棄するものであり、連帯保証人が自ら貸主との間で結んだ契約（連帯保証契約）にまではその

効果が及びません。したがって、親族が賃貸借契約の連帯保証人になっていた場合には、相続放棄をしても連帯保証人としての責任は残ることになります。その結果、相続放棄をした後であっても連帯保証人の責任として貸主に対して室内の残置物撤去等の原状回復義務を負うことになります。

　では、連帯保証人としての責任が残るのなら相続放棄をする意味はないのか、というとそうではありません。室内に借金の督促状等が大量に届いているような場合は、相続放棄をすることで、そうした負債については相続する必要はなくなりますので、相続放棄をした遺族は連帯保証人としての責任だけを負えばよいことになり、相続放棄によって遺族が負う責任の範囲を小さくすることができます。

②　現在遺族等が置かれている状況の確認

　事故案件の場合は、遺族からどの段階で相談がくるのかについても注意が必要となります。例えば、真夏の孤立死で死亡から遺体の発見までに長時間を要したようなケースでは、遺体の損傷も激しくすぐには身元確認ができない場合があります。そうした場合は警察にて歯形の照会やDNA検査などを行い本人確定につなげていくのですが、真夏のDNA検査は似たような案件が大量に発生することもあり、地域によっては検査結果が出るまでに1～3か月ほど掛かるといわれています。本人確定がされない以上は、室内で死亡していた人が家財の所有者である本人かどうかも判断できない状況でもありますので、状況が許すのなら検査結果を待つのがよいでしょう。

　しかし、真夏の孤立死のような状況では一刻も早く特殊清掃等を進めないと被害が拡がってしまうということもありますので、遺族から警察へ連絡をしてもらい室内の清掃を実施してもよいかの確認を取ってもらうことになります。事件性がなくある程度本人であるとの判断が及ぶケースでは、DNA検査の結果前でも室内の清掃の許可が出ることもあります。

③ 事故案件用の保険（孤独死保険）に加入していないかの確認

　賃貸物件での事故案件のケースでは、遺族や連帯保証人が負う遺品整理や原状回復に掛かる費用がかなり高額になることがあります。近年はそうした事故案件の備えとして入居者や家主が保険に加入しているケースも増えてきました。家主や管理会社が保険に加入しているケースでは当然保険契約については把握しているので問題はありませんが、遺族や連帯保証人が遺品整理を行う場合は故人がどういった保険に加入していたのかはわからないのが普通です。

　一般的に孤独死保険と呼ばれる保険は、入居時の火災保険や家財保険の特約として加入しているケースがほとんどですので、まずは入居時の契約書類のなかから火災保険等の証書を見つけて事故案件に対して補償があるのかどうかを確認する必要があります。

　保険証書等が見つからなかった場合でも、契約時の仲介業者がわかれば仲介業者に確認することで保険の加入状況や保険会社の連絡先が判明することもあります。故人が孤独死保険等に加入しており、遺品整理費用や原状回復費用が保険で支払われる場合は、支払い金額や範囲、請求方法について遺族から確認してもらいましょう。

　保険会社によっては、遺品整理や特殊清掃の前に保険会社のスタッフによる現場確認が必要となるケースもありますので、現場確認の前に作業を実施してしまうと保険金の請求ができなくなる危険性があり注意が必要です。また、保険会社のスタッフによる現地確認は必要なくとも作業前後の写真の提出を求められることもありますので、申請に何が必要なのかを確認してから遺品整理や特殊清掃に着手するようにしましょう。

④ 賃貸契約が2020年４月１日より前の契約か後の契約か

　連帯保証人の責任の範囲を考えるうえで、その賃貸契約がいつなされ、いつ連帯保証人になったのか、ということが大事なポイントとな

ります。従来の連帯保証人の責任はいってみれば青天井とも呼べるもので、主債務者である入居者が家賃の滞納や室内の汚損等をした場合など連帯保証人はその責任を入居者とともに負う責任がありました。ですので、連帯保証人としての責任は非常に重いものでもあり、賃貸物件で入居者が自死したような場合は、貸主から連帯保証人へと多額の賠償請求がいくこととなり、場合によっては数百万円単位での支払いを要求されることも珍しくはありませんでした。

　しかし、民法の改正により2020年4月1日以降の賃貸借契約には、入居者の親族等の個人が締結する連帯保証契約（個人根保証契約）には極度額を定めなければならなくなり、極度額を定めていない連帯保証契約は無効とされることとなりました。極度額とは、連帯保証人が支払い義務を負う限度額のことであり、改正前は青天井の責任を負うことのあった連帯保証人の責任の範囲について、契約時点で最高いくらまで支払いの責任を負う必要があるのかを明確にするものとなります。

　事故案件を例にすると、入居者が室内で自死をしてしまい貸主から原状回復費用および逸失利益の損害賠償として合計300万円を請求されたとしても、契約書に記載されている極度額が100万円であるなら、連帯保証人の支払い責任は100万円までしかないということになります。遺品整理事業者が携わる事故案件でも、自死案件はとりわけ貸主側からの請求が高額となりやすいものであり、また、事故発生時点では遺族もパニックになっていることも多く、賃貸借契約書を確認できていないことがほとんどです。場合によっては、貸主から求められるままに原状回復費用等を支払ってしまっているケースもあり、もしかしたら極度額の制限以上に支払いをしてしまっていることもあるかもしれません。

　保証会社の利用が主流となってきている昨今、個人で連帯保証契約をするケースは少なくなってきていますが、高齢の個人で経営している大家さんなどのケースでは改正後も従前の契約書のまま極度額の定

めもなく連帯保証契約をしているケースもゼロではないと考えられますので、事故案件の相談を受けた場合は必ず契約書の内容を確認するよう依頼者へアドバイスしてください。また、賃貸借契約書が室内に残っていない場合やすぐに見つけることができない場合であっても、管理会社や貸主側には必ず契約書の控えがありますので、室内で見つけることができない場合は、管理会社等へ請求してコピーを送ってもらうことで契約内容の確認は可能となります。

(2)　事故案件特有の事前確認事項や注意事項

　事故案件を取り扱う場合には、通常の遺品整理とは異なった事前確認事項や注意点があり、特に特殊清掃を必要とする現場を通常の遺品整理と同じ方法で作業してしまうと大きなトラブルになってしまうこともありますので注意が必要です。

①　遺品の買取り行為の禁止

　一般的な遺品整理の場合でしたら室内に残っている家電製品や貴金属等を遺品整理事業者が買い取り、作業費用と相殺したりしますが、事故案件のケースのように遺族が相続放棄を検討している現場の買取り行為は絶対にしてはいけません。

　第1章でも解説したとおり、民法には相続人が相続を認めたこととみなす「法定単純承認事由」が定められており、故人の財産処分はこれに該当し、単純承認したとみなされた相続人は相続放棄ができなくなってしまうからです。

　したがって、遺品整理の現場に貴金属やブランド品などがあった場合でも遺品整理事業者からの買取り提案はもちろんのこと、遺族からの買取りの申し出であっても断るべきものとなります。もちろん、事故案件であっても遺族が既に相続することを決めている場合なら相続放棄ができなくなることを心配する必要はないので買取り行為も問題となりません。

②　エレベーター使用の可否

　真夏の孤立死で遺体が長期間放置されていたようなケースでは警察が遺体を回収した後であっても室内にはかなりの死臭が充満したままとなります。腐敗が進んでしまっている場合は、遺体から漏れ出た血液や体液がフローリングや畳に染み込んでいたり、場合によっては頭部から剥がれた頭髪がカツラのように形を残したまま残っていたりします。また、警察は遺体の回収はしてくれますが、遺体があった箇所の清掃等まではしてくれませんし、むしろ警察が運ぶ際についた血液や体液で汚れた足跡が部屋中に広がっていることも珍しくはありません。体液や腐敗した人体の一部が残っていることで遺体が回収された後も室内の死臭は残ったままとなり、その臭いは当然家財や家具にも染み込んでいくことになります。

　では、死臭が染み込んだ家財や家具はどのように搬出すればよいのかというと、戸建ての住居者や低層階のアパートであれば階段を利用して運ぶことができますが、高層階のマンション等になってくると階段で運べる階数にも限界があります。しかし、死臭がついた大量の家具をエレベーターで運ぶとなると密閉された空間に家財等から染み出た死臭が充満することになってしまい、その他の住人に被害が及ぶことになってしまいます。場合によってはエレベーターを利用できなくなった損害やエレベーターのクリーニング費用を請求されてしまうことになりかねません。高層階での事故案件を受ける場合は、管理会社などとも打合せをしてからエレベーターの利用方法を確認する必要があります。もしエレベーターの使用を断られた場合には、作業スタッフを増加して階段での作業を実施したり、特殊清掃と消臭作業だけを先行して行い死臭が消えてから本格的な遺品整理作業を行う等の対策を考える必要が出てきます。

③　回収事業者の追加費用の確認

　特殊清掃を伴う遺品整理では、死臭などの臭いが付いた家財、血液

や体液、場合によっては腐敗した体組織の一部などを清掃して搬出することになります。そうした通常の遺品整理とは異なる処分品は回収事業者が特別料金を設定していることがあるので、はじめて使用する回収事業者の場合は事前に確認しておく必要があるでしょう。追加費用が発生する部分は回収事業者によってまちまちですが、「配車費用」「人件費」「処分費用」などが通常より割増料金で請求されるケースが多いのではないでしょうか。

④　害虫苦情の発生に注意

　真夏の孤立死のような遺体が腐敗してしまっている事案ではかなりの数の蛆虫やハエが発生します。孤立死が発見される経緯の一つとして故人が住んでいる自宅の窓に大量のハエが張り付いており近所の人が異常を感じて管理会社や警察へ連絡したというものがあります。実際には窓に張り付いているハエはごく一部であり室内には何十倍ものハエが飛び交っており、場合によってはハエの羽音で隣のスタッフの声が聞こえないなんてこともあったりします。ハエなども遺品整理の際には退治したうえで清掃することになるのですが、大量のハエを室外に逃がしてしまうと近隣の部屋や洗濯物に被害を出してしまうことになりますので必ず現場の室内で退治する必要があります。

　また、ハエがいるということは当然ウジもいることになりますが、ハエをすべて退治したと思っても壁の隙間などに入り込んでいたウジが時間差で成虫になって飛び回ることがありますので、特殊清掃時の害虫駆除は数日掛けて確認作業を行う必要があります。

⑤　エアコン使用禁止

　死臭が問題となる事故案件は基本的には暑い時期に発生しますので、遺品整理現場となる室内は暑さと死臭のダブルパンチで清掃スタッフにはかなり過酷な状況となっています。そうした状況ですと室内のエアコンを使用したくなりますし、依頼者もエアコンの使用を勧

めてくれることもあります。

しかし、死臭が充満している部屋でエアコンを使用してしまうとエアコン内部にまで死臭が染み込んでしまうこととなり、二度と使用できなくなってしまう可能性もあるため、撤去予定のエアコンでもなければ使用は避けるべきです。

⑥　供養方法に注意

真夏の孤立死などは、遺体の腐敗も進みかなり凄惨な状況になっていることも珍しくはありません。そうした案件の場合、依頼者から遺品整理実施前に故人の供養や室内のお祓いをしてくれないかと頼まれるケースがあります。そのような場合は仏壇の魂抜きのところで説明したのと同じような形でお寺の住職等に現地に来てもらい現地供養等を実施することになります。

現地供養の際に注意が必要なのが、故人の発見の経緯を確認しておかなければならないということです。故人の発見がハエや死臭などを原因とした近隣からの通報で発覚したようなケースでしたら、既に事故の発生については近隣には知られている可能性が高くなります。しかし、親族が様子を見に来てたまたま遺体を発見したケースや賃貸物件の管理会社が家賃の未納を原因として現地確認に来た際に発見したようなケースでは、いまだ近隣には状況が知れ渡っていないこともあります。もちろん、室内で誰にも看取られない状況で遺体が発見されているケースですので警察や消防が駆けつけて周囲は騒然とした雰囲気となったかもしれませんが、パトカーや救急車が来ていただけでは、具体的に何が起きていたかは近所の人にはわからないものです。

そうした状況で数日後に該当の部屋からお経が聞こえてきたら、多くの人が「誰かが亡くなったのだな」と感じ、何らかの事故が起きたのだと気付きます。依頼者によっては故人が亡くなったことを伏せておきたいと考えている人もいますので、相談を受けた場合はできるだけ短時間で声量を抑えた方法で供養を実施してもらえないか住職等に

も相談したうえで行う必要があります。

　また、同じような例として「献花」にも注意が必要です。事故案件に限らず遺品整理を行う際に遺族が故人へのお別れを告げる意味を込めてお花を供えることがあり、見積もりで現場を訪問したら花束が置いてあったということもよくあります。献花自体はもちろん問題ないのですが、お花を供える場所には注意が必要です。先のお経の例と同様に、警察や消防が来た後に玄関前にお花が供えてあったら、近所の人はすぐに住人が亡くなったということに気付くことになります。

　実際に筆者がある事故案件の遺品整理を行っていた際の話ですが、見積もりから実際の遺品整理の作業までに数日空いたケースで、遺品整理の準備を整えて現場となる公営住宅の一室に到着したところ玄関前に花束が供えられていました。当然、同じ階に住んでいる人はこの住人が亡くなったということを察しますので、遺品整理作業中もあれやこれやと質問をされることになります。

　遺品整理事業者としては質問されても守秘義務の観点から知っていても答えられないことも多く、作業のペースを乱されるような質問はできるなら避けたいところでもあります。近所の人も亡くなったということがわかれば作業の邪魔をするつもりはなくても「最後に一言ご挨拶を」という感じで遺品整理現場に挨拶に来られることもあり、対応に苦慮することになります。

　また、公営住宅のように高齢者が比較的多い集合住宅の場合でしたら、住人同士も顔見知りが多いので亡くなったことが知れても「いい歳だったから仕方ないよね」という感じで大きなトラブルにはなりませんが、これが新築のマンションで住人も若い人が多いとなると話が変わってきます。若い人が多く住んでいる新築マンション等で同じような事故案件があった場合に玄関前に花が供えられていたらどうでしょうか。都心のマンション等では隣に誰が住んでいるかを知らないことも多く、ある日突然隣の部屋の玄関前に花が供えられていたら不気味に思われても仕方ありません。

そうした隣室の人などから管理会社へ「何か事件があったのですか？」といった問い合わせが入ることもあり、管理会社としては事故案件であったとしても告知義務が発生しない状況なら穏便に済ませようと思っていたところ、近隣に知れ渡ってしまったがために、遺族に対して何らかの請求をせざるを得なくなるということも考えられます。遺品整理現場での献花は事故案件に限らず遺族等にはなるべく室内に供えるようにしてもらい、外部にはわからない形で行うのが余計なトラブルを防ぐポイントとなります。

⑦　守秘義務の徹底

　近隣の人が室内で誰かが亡くなっていたことを知るのは何もこのような事情ばかりではありません。遺品整理事業者が自ら近所の人へ喋ってしまっているケースもあります。事故現場で遺品整理を行っているスタッフは作業内容を知っていますので、その室内で入居者が亡くなっていたことも当然知っていることになります。遺品整理を行っていると故人と仲の良かった近所の人が声を掛けてくれることは珍しくありませんが、事故案件のケースですと遺品整理前に警察や消防が来ていたこともあり、「何か事件でもあったのではないか？」と近所の人が心配されて声を掛けてくることもあります。警察や消防が来ているだけでは、何かがあったことはわかっても近所の人にはが自死があったのか孤立死が起きたのか、はたまた殺人などの重大な事件が起きていたのかはわからないため不安を抱いているのが普通です。

　そうしたなかで何かあったと思われる部屋で作業をしているスタッフを見かけたら、「そこの住人に何かあったのですか？」と聞きたくなるのが自然ですよね。こうした質問にスタッフがうっかり「ああ、住人の方が部屋で亡くなったのでその片付けをしてるんです」などと答えたのなら、重大な守秘義務違反でもあり、うっかり喋ってしまったことから賃貸マンションなどでは隣室、階下の人の退去騒動につながってしまうこともあります。

事故案件が原因で退去する人が増えてしまうと当然賃貸経営上は大きな損失となってしまいますので、その損失について貸主から遺族へ賠償請求が発生しないとも限りません。また、遺族への賠償請求が遺品整理事業者の守秘義務違反が原因となれば、今度は遺族から遺品整理事業者に賠償請求をしてくる可能性も出てきます。

　こうした失敗はベテランスタッフではなく新人や臨時スタッフに多く、事故案件にこうしたスタッフを充てる際は事前に近隣の人からの質問には勝手に答えずすべて責任者に報告するようにしておくなどの対策が必要となります。

⑧　オゾン消臭作業中の入室制限（合い鍵で入られないように）

　事故案件に関する遺品整理を受けた場合は、血液や体液などの除去を目的とした特殊清掃と室内に染みついた死臭の除去を目的とした消臭作業の両方を実施することが多くなります。死臭等の強烈な臭いを消すために現在、特殊清掃会社等で広く使用されているのがオゾン発生器です。

　特殊清掃の現場で使用されているオゾン発生器は、一般の店舗等で使用されているオゾン発生器よりもオゾンの生成量が各段に多く、また特殊清掃現場では室内を密閉したうえでオゾンを充満させることになりますので、消臭作業を行っている室内は人体に影響の出るレベルの高濃度オゾンに満たされることになります。消臭作業を行っているスタッフ等は、当然その危険性を熟知したうえで作業にあたっていますが、そうした危険性をよく理解していない第三者が室内に入ってしまうと大きな事故につながってしまうため注意が必要です。

　例えば、合い鍵を持っている管理会社や親族が遺品整理や消臭作業の状況を確認するために遺品整理事業者に事前の連絡もなく室内に入ってしまうような場合です。管理会社や依頼者のなかには死臭がどの程度落ちているのかを自分で確認したいとの考えから、消臭作業の

途中に合い鍵を使って室内の様子を見に行くケースがあります。しかし、高濃度のオゾンが充満した部屋に立ち入るのは非常に危険な行為でもあるため、消臭作業前には管理会社や依頼者に室内への入室を禁止する旨を伝えるとともに、玄関扉または玄関を開けてすぐの目に付きやすい場所に貼り紙等で入室禁止の警告をしておく必要があります。

⑨　原状回復や大規模修繕に関する安易な助言はトラブルの元

　事故案件現場の遺品整理や特殊清掃を行っていると作業途中や完了確認の際に貸主が様子を見に来ることがあります。特に賃貸物件の個人オーナー（大家さん）に多い傾向ですが、事故が発生した部屋の整理状況や消臭状況等が心配で確認に来ることがあります。その際に遺品整理現場の担当者に「次の入居者に貸すにはどこまでリフォームしなければならないか？」などの質問をしてくることがあります。

　個人の賃貸オーナーの場合ですと、管理棟数も限られており賃貸経営を始めてから初めて事故が起きたということも珍しくはありません。特殊清掃をしている遺品整理事業者ならそうした事情にも明るいだろうと色々と質問をしてくることがありますが、こうした質問に安易に答えてしまうと依頼者である遺族と貸主であるオーナーとのトラブルを助長してしまう可能性があるので十分注意してください。

　筆者が実際に受けた相談案件でも、個人オーナー（大家さん）が所有する賃貸物件で長期間遺体が放置された孤立死が発生し、故人の遺族が特殊清掃も行う遺品整理事業者を手配したところ、清掃作業中に大家さんが現場の様子を見に来たそうです。それ自体は問題ないのですが、大家さんは遺品整理事業者の責任者にどの程度のリフォームをしたら問題なく貸し出しを行えるのかを質問してきたようで、遺品整理事業者はリフォーム工事の受注の商機とみたのかかなり大規模な修繕工事を提案したそうです。もともと遺族が手配した遺品整理事業者の本業がリフォーム工事等を行う工務店だったということもあり、大

家さんに対して「こうした事故物件では、最低限ここまでやるのが普通ですね！」といった話をしたようです。その後、遺品整理は予定どおり終わったのですが、遺族と大家さんの話し合いは予定どおりには進みませんでした。

　なぜなら、遺品整理事業者の「最低限ここまでやるのが普通ですね！」という発言を、大家は遺族が負担すべき原状回復の最低ラインと考えたようで、遺族側が手配した遺品整理事業者が言うのだから、提示した修繕工事の部分は遺族が最低限負担するのが筋だろうと考えてしまったわけです。

　事故案件では貸主と遺族の間で原状回復の負担割合に関してよくトラブルになります。事故案件といっても、自死なのか自然死なのか殺人なのかといった事故の状況や建物の年数や入居期間など様々な条件を複合的に考慮したうえで原状回復の負担割合を判断していくものであり、遺品整理事業者が勝手に判断してよいものではありません。相談事例は、おそらく遺品整理事業者と本業のリフォーム工事事業者の立場としての知見から、次の入居者に問題なく貸し出しができて、かつ自社の売上にもなる工事を提案したのだと思われますが、リフォーム会社が考えるリフォームの範囲と事故案件で遺族が負担すべき修繕範囲は必ずしも一致するとは限りません。

　事故案件において、貸主と遺族の間で本来ならトラブルなく終わったはずの案件が、遺品整理事業者の不用意な発言が元で大きなトラブルへと発展してしまうこともあります。遺品整理事業者としては、誰からの依頼で誰のために仕事をしているのかをよく考えたうえで相手方への対応を決めるようにしましょう。また、同様な事案で貸主と遺族の間での原状回復費用や修繕費用の負担割合の話し合いに遺品整理業者として意見を求められることもあると思います。しかし、紛争性のある案件に関して当事者の間に入って仲裁するような行為は非弁行為（第1章参照）に該当してしまう可能性もあり、遺品整理事業者自身も違法性を問われることになってしまいますので、安易な助言や不

用意な発言には十分注意してください。

Column ·····························

遺品整理事業者の見積もりで告知義務が発生する事故物件になるかどうかが変わる!?

　不動産業界では、自死や孤立死、殺人、死亡火災などの死亡事故が起きた物件は一般的に事故物件と呼ばれ、次の入居希望者に対して「告知事項」として過去に死亡事故が発生していたことを伝える義務が不動産会社等に課せられています（賃貸に限らず不動産売買でも同様）。事故物件が特別な扱いをされるのは、過去にその物件で人が死んでいたという事実が不動産賃貸や売買の意思決定に強く影響するからです。

　賃貸物件でいうなら同じマンションで同じ間取りの部屋があり、事故があった部屋と何もない部屋が同時に入居募集となっていた場合、事故のない部屋に住みたいと考えるのが普通でしょう。ただ、貸主側としては事故があった部屋をいつまでも空室にしておくわけにはいきませんので、通常の部屋より割安価格に家賃を設定して入居者の募集を行い、「以前に人が亡くなっている部屋だけどこの家賃なら入ってもいいかな」と考えてくれる入居希望者を探すことになります。

　では、家屋で人が亡くなった場合は事情を問わずすべて不動産会社等に「告知義務」が課せられる事故物件になるのかというとそうではありません。不動産会社等が事故の発生した物件に対して告知義務を負うかどうかについては、国土交通省より「宅地建物取引業者による人の死の告知に関するガイドライン」が示されており、このガイドラインのなかに事故が発生した場合の告知の必要性の有無についての指針が示

されています。

　ガイドラインでは、老衰や持病による病死などの「自然死」については原則告知の必要はないものとし、また自宅内での階段からの転落や入浴中の溺死、転倒事故等の日常生活で発生することが予想される不慮の事故死についても原則告知は不要としています。ただ、同ガイドラインでは、上記のような自然死や不慮の事故死の場合であっても長期間遺体が放置されたことで特殊清掃や大規模なリフォーム工事等が必要となった場合は、概ね3年間程度は告知が必要ともしています。つまり、本来告知が必要のない自然死や不慮の事故死の現場であっても、遺品整理事業者が「特殊清掃」を行うことで、告知が必要な「事故物件」に変わってしまう可能性があるということです。

　自然死や不慮の事故死のような場合では、発見が早かったり、多少遅くなったとしても真冬の時期で遺体の腐敗は進んでいなかったというケースもあります。その場合は、室内の汚れや死臭などは発生しておらず通常の遺品整理でも十分対応可能なケースが多いのですが、遺品整理事業者のなかには「室内で人が亡くなった現場」というだけで特殊清掃の必要な現場としてしまうケースがあります。

　特に浴槽での溺死案件等では、親族が故人の浸かっていた水を抜いたり、浴槽等の清掃ができないことも多く、清掃作業を依頼者に代わって行うことを「特殊清掃」として扱っているケースもあるでしょう。「特殊清掃」には決まった定義がないため、何を「特殊清掃」として扱うのかは各事業者の自由です。

　しかし、遺品整理の見積書等に「特殊清掃」として記載してしまうことで、その物件は「人が亡くなった部屋」かつ

「特殊清掃が行われた部屋」となってしまい、不動産会社等の判断では「事故物件」とされてしまう可能性が出てきてしまいます。遺品整理事業者としては、依頼者が処理しきれない作業を「特殊清掃」として受けたほうが受注もしやすく依頼単価も高く設定できることから売上につなげやすいのは確かですが、ガイドラインで想定している特殊清掃とかけ離れた内容についてまでも特殊清掃として扱ってしまうと不動産の所有者や遺族にとって本来負わなくてもよい義務や負債を負わせてしまうことになってしまいます。

　見積書等に「特殊清掃」という言葉を記載する場合は、特殊清掃という言葉を本当に使用する必要がある現場なのか、また特殊清掃という言葉を使用することで貸主や遺族に余計な負担を負わせてしまうことがないのかどうかを今一度確認したうえで記載するようにしてください。

(3) 合意書の作成を検討する

　近年は賃貸借契約の際に連帯保証人を付けるのではなく保証会社を利用するケースが増えています。保証会社を利用した賃貸借契約では遺族等は連帯保証人ではなく緊急連絡先としかなっていないことがほとんどで、故人が利用していた部屋に関しては相続人としての責任しか負っていないことになります。相続人のとしての責任しか負っていないということは「相続放棄」をすることで、相続人は故人に関するすべての権利義務を承継することがなくなり、遺品整理等の原状回復義務も負わなくてよくなります。

　ただ、すべての事故案件で相続放棄をすればすべて解決かというとそうではなく、故人と遺族が親しい関係だった場合や家族としての責任を果たしておきたいと考えている場合または故人がある程度の資産を残していたのなら、その資産を利用すれば遺品整理や特殊清掃等も問題なく行えるのではないかと遺族が考えるケースもあるでしょう。

　そうした相続放棄をせずになんとか遺品整理や退去清算をトラブルなく終えたいと考えている遺族の一番の心配事は「最終的にいくら掛かるのだろうか？」ということです。遺品整理や特殊清掃に関する費用は遺族が手配した遺品整理事業者が作業前に見積もりを提示するので概算金額の把握は可能です。しかし、遺品整理が終わった後に貸主側から請求される原状回復費用や逸失利益に対する損害賠償等については貸主側から提示されないとわかりません。

　事故案件での相談では、遺族が管理会社に最終的にいくらくらい掛かるのか教えてほしいと聞いたところ、「遺品整理が終わった後でないと見積もりが出せないのでわからない」と言われたという話をよく聞きます。これはある意味仕方のないことで、室内に家財や家具が大量に残っている状況では室内のどこに破損や汚損があるのかがはっきりせず、また事故案件では遺品整理が終わった段階でどの程度の清掃や消臭がされているのかも見積もりに大きな影響が出てくるので、管

理会社等が遺品整理や特殊清掃が終わった後でないと見積金額が出せないというのはわからないでもありません。

　ただ、その場合だと遺族としては遺品整理が終わった後に多額の原状回復費用等を請求されるかもしれないという心配を抱えることになりますし、場合によってはいっそ相続放棄をしてしまいこの件に一切関わらないようにしようという判断をするかもしれません。そうなってしまうと、遺品整理費用や原状回復費用等については孤独死保険等を利用していない限りはすべて賃貸物件のオーナーの負担となってしまう可能性が出てきます。このような状況で遺品整理業者としてどのような協力ができるのかというと、当事者双方が納得できる方法の道筋を整えてあげることです。

　事故案件では、遺品整理費用、特殊清掃費用、大規模修繕費用等が発生し、また事故が発生してから解決までには相当な日数が掛かることから未納家賃や逸失利益等の問題も出てきます。遺族側の心配は最終的にこうした費用の支払いがいったいいくらになるのか、という部分であり、この問題が解決できれば相続放棄をせずに故人の資産を相続したうえでの支払いや故人の資産がない場合であっても家族の責任として支払いに応じてくれる可能性が高くなります。貸主側としても、連帯保証人がいない状況で相続人に相続放棄をされてしまうと遺品整理等のこれらの費用をすべて貸主側で負担しなくてはならなくなってしまいます。特に事故案件では遺品整理費用や特殊清掃費用が高額になりやすいため、この部分だけでも遺族が支払いに応じてくれるのなら貸主側の負担は大きく軽減されることになります。

　この遺族側の立場と貸主側の立場を調整するのに役立つのが「合意書」の作成です。合意書とは、基本的に当事者双方の協議結果をまとめた文書であり、事故案件でいえば貸主と遺族間の話し合いの結果をまとめた文章となります。

　事故案件では主に次のような内容を当事者双方で協議した結果を合意書として記載することになります。

- 賃貸借契約の合意解除日
- 未納家賃の支払いの有無や支払い方法について
- 遺品整理および特殊清掃費用の負担割合や支払い方法について
- 残置物撤去の期日や部屋の引渡し期日
- 遺族側が原状回復や修繕工事を行う場合はその方法や範囲について
- その他、当事者間で特に取り決めておきたいこと　など

　合意書に記載する内容は基本的に自由に決められますので、当事者が疑問に思っていることをすべて洗い出して記載しておくことで、後日の紛争を防ぐことができます。したがって、遺族が最終的にいくらくらいの支払いをしなければいけないのかを心配しているような場合は、「乙（遺族）は遺品整理費用および原状回復費用として甲（貸主）に金○○万円を支払うものとする」などのように合意書のなかに支払いの必要な内容と額を記載して、最後に合意書に記載されている内容以外に名目の如何を問わず支払い義務は生じないとする内容の一文を入れておくことで、遺族が最終的に支払う金額を明確にすることができます。また、合意書は遺族側の義務ばかりを記載するものではないので、遺族側が貸主側へ求める内容を記載しておくこともできます。

　例えば、故人の遺体が発見される前後3か月分（計6か月分）の家賃が未納となっている場合に遺族が支払う家賃は故人の遺体が発見される前の3か月分の家賃だけに限るとした内容や、遺品整理と特殊清掃は遺族で行うが大規模修繕は貸主の負担で行うといった内容を盛り込んでおくことも当事者同士で納得できるのなら問題ありません。

　そこで、合意書を作成することで遺族としては後から多額の請求をされるのではないかという心配もなくなりますし、故人が残した遺産で支払いが可能なのかどうかや、故人の遺産では足りないなら自己負担がいくらになるのかの判断がつきやすくなります。その結果、合意書を作成しない場合に比べて相続放棄を選択する遺族は減ることになり貸主としても事故案件すべてに掛かる費用を負担しなくてよくなる

ことから貸主の負担軽減にもつながることになります。

　こうした合意書は当事者でも作成可能ですが、多分に法的な要素を含んでおり記載方法を間違えてしまうと合意書の効果が失われてしまう可能性もありますので、遺品整理事業者は遺品整理に詳しい弁護士または行政書士を紹介してあげるようにしましょう。合意書の作成には当事者間で協議をする必要がありますが、事故案件によっては当事者が冷静に話し合いを行うことができない状況もあるかもしれません。そうした場合は弁護士に間に入ってもらい協議をまとめてもらうことになります。

　また、当事者間で話し合いが行える場合であっても何を合意書に記載したらよいのかわからないということもあるかと思います。そうした紛争性のない合意書の作成の場合は、行政書士に依頼することで、合意書作成に必要な協議事項等のアドバイスを受けることが可能ですし、当事者間での協議内容を最終的に合意書という形に仕上げてくれます。

　遺品整理事業者は直接合意書の作成に関わることはできませんが、合意書を作成するということは、遺品整理や特殊清掃を実施したうえでの解決を当事者が望んでいることになります。結果的に、合意書での解決を提示した遺品整理事業者が仕事の依頼を受けることにつながりますので、相続放棄では解決できない事案の相談を受けた場合は合意書での解決ができないのかを検討してみるのも受注へのアプローチの一つとなります。

4 実際の遺品整理現場で起きるその他の注意点について

ここまでに紹介した遺品整理を行う際の注意点以外について、筆者自身の実例も交えて補足しておきたいと思います。

(1) 処分品を近所の人に依頼者の許可なく渡してはいけない

公営住宅や昔ながらのアパートなどで遺品整理を進めていると近所の人が様子を見にきて故人との昔話を始めたり、なかには遺品整理の室内にまで勝手に入ってきてスタッフが勘違いするくらい自然に振舞って室内の様子を見て帰っていく人がいたりします。ときには遺品整理で処分する予定の家具や日用品を譲ってほしいと言ってくる人がいたりもします。

遺品整理で処分する物のなかには中古品としての買取り価値はなくても、まだまだ使用できる家具や少し型は古いけど現役で使うことのできる家電製品などが多数あります。

そうした家具や家電を搬出の準備として玄関先に並べていると「そのテレビを捨てるなら貰えないか？」と聞かれることがよくあります。こうした近所の人の申し出に対しては事前に依頼者の許可があるのかどうかがポイントとなります。遺品整理の現場に依頼者がいるのでしたら依頼者に渡してもよいのかの確認を取れば済むことですが、依頼者の立会いがないような場合は勝手に渡してしまうわけにはいきません。処分費用をもらって適切に処分する依頼を受けているのに依頼内容と異なった作業を行うわけにはいきません。

もちろん、もともと処分する品を近所の人が有効に活用してくれるならそのほうがよいと考える依頼者も多くいますので、電話等で確認

すれば「ご近所の方がほしいというなら是非渡してあげてください」
と言われることも多いでしょう。要は依頼者の許可なく遺品整理事業
者の勝手な判断で故人の遺品を他人に譲渡してしまう行為がまずいの
であって、近所の人からそうした申し出があった場合は依頼者の意思
確認を必ず行うようにしてください。

(2) 依頼者の「貴重品捜索は終わっている」と いう言葉を過信しない

　遺品整理の見積もりを行っている際の決まり文句として「何か探さ
れている貴重品や見つかっていない思い出の品などはありますか？」
というものがあります。この質問に対して具体的に探している物など
を教えてくれる依頼者もいれば「家族でひととおり確認したので後は
全部捨ててもらって大丈夫ですよ」や「こんな生活していたので貴重
品なんて呼べるものはないでしょう」のように答える依頼者もいま
す。

　そうしたやりとりは遺品整理の見積もりではよくある光景ですが、
遺品整理事業者はこうした依頼者の言葉を過信して作業を進めてはい
けません。同居していた親族からの依頼でもない限り遺品整理の依頼
者というのは故人の生活状況のすべてを把握できているわけではあり
ません。ですので、遺品整理前に家族で室内を確認していたとしても
タンスの奥や封筒の中身までは確認されてはいませんし、散らかった
室内の様子を見て大した財産はないだろうと思いこんでいるケースも
あります。

　筆者が実際に経験した事例で、遺品整理の作業前に遺族が会社を休
んで貴重品の捜索や他の親族へ渡す形見分けの品の選定を行っていた
現場があります。遺族が行う事前の確認作業としてはかなり徹底して
行われていたこともあり、確認済みの不用品として処分する物が山の
ように積み上がっていたのをよく覚えています。その後、筆者たちが
遺品整理を行う際に最終確認を遺族としていると「ここの山積になっ

ている分はすべて確認してあるのでそのまま捨てもらって大丈夫です」とのことでした。そうは言っても山積になっている物には可燃ごみや不燃ごみなどが混ざっている状態ですので、仕分け作業を行いながら併せて貴重品捜索も自分達の目で行っていきます。

　そこで、葬儀の際の参列者名簿や香典袋を納めた黒い箱が出てきました。遺族が確認しているとはいえ、念のため香典袋を照明の明かりに当てて透かしてみるとなんと香典がそのまま残っているではありませんか。すぐ横で作業の様子を見ていた依頼者に「あの、香典袋にお金が残っていますけど？」とお伝えすると「え、葬儀のときに出したんじゃないの⁉」と依頼者も驚いた様子でした。

　遺品整理の現場では香典袋にお金が入ったままになっているケースは珍しくはなく、今回もその事例の一つではあります。残されていた香典をすべて集めてみれば遺品整理費用がまかなえてしまうくらいの金額になって依頼者もびっくりしていましたが、こうした依頼者の思い込みで貴重品が見落とされているケースは遺品整理の現場ではよくあることですので、依頼者の言葉を鵜呑みにするのではなく自身の目でも確認するように心がけてください。

(3)　故人の日頃の生活や室内の様子だけで貴重品の有無を判断してはいけない

　同じようなケースで、故人の生活や室内の様子から故人は大した財産を持っていないと思い込んでしまっているケースもありました。

　築50年を超える長屋の一室で静かに暮らしていた人の遺品整理の依頼のケースでは、故人が年金生活者で質素に暮らしていたこともあり、依頼者も故人に何か大きな財産があるとは考えてはいませんでした。実際住んでいた住居は大きな地震があれば倒壊してしまうのではないかと思えるくらい古いですし、室内も男性のひとり暮らしということもありかなり散らかっている状況です。依頼者は何も出てこないだろうと思われて作業はすべてこちらに一任されて立会いなしで作業

を進めることになったのですが、作業を進めている際にテレビ台の中に道具箱が置かれているのに気が付きました。

　道具箱を開けてみると、現金が入った封筒と銀行の通帳が1冊入っており、通帳の中は確認していませんが、現金だけでもかなりの額でしたので急いで依頼者に戻ってきてもらうことになりました。依頼者も多額の現金が出てきたことにびっくりされていましたが、それ以上に通帳の中を確認して言葉を失っている様子で、「なんでこんなに持っているのにこんな生活してたの？」という遺族の言葉を今でも覚えています。

　高齢者のなかには不自由のない生活を送ることができるだけの資産を持っていたとしても「長年住み慣れた場所を離れたくない」「知り合いのいない場所へ行きたくない」「自分の生活よりも子ども達へ財産を残してあげたい」などの理由から、資産を持っていたとしても質素な生活を続けている人がいます。故人の日頃の様子や住まいの状況だけで貴重品はないだろうという判断は間違っており、間違った判断の基に雑な遺品整理を行ってしまうと大事な相続財産を知らないうちにごみとして処分してしまうことになってしまいますので、どんな現場であっても貴重品捜索に手を抜くことがないようにしてください。

⑷　お金が隠されている場所は様々

　遺品整理現場ではよくお金が出てくることは既に書いているとおりですが、どのような場所に隠されているのかというと、基本的に生前の故人が日常生活を送っていた場所など目の届く場所に隠されているケースが多いように感じます。

　例えば、一軒家の場合ですと故人の寝室や日中いることの多い居間のどこか、故人が女性の場合ならキッチンなどに隠されているケースもよくありました。反対に、室内からタンス預金がたくさん見つかった遺品整理現場でも、外に置いてある倉庫のような故人の目が届かないところに現金等を隠しているケースはほとんどありません。

実際にお金がよく見つかる場所としては、仏壇や神棚周り、タンス類の中（衣類やハンカチに包まれているケースが多い）、布団やベッドの下などはよく見つかる場所でもあります。これ以外にも、上下分割できるタンスのつなぎ目に一万円札が数枚差し込んである場合やトイレタンクの中にビニール袋に入れて沈めていたケース、畳の下に隠しているケース等もありました。故人が女性だったケースでは、冷蔵庫の冷凍室に保冷バックに包まれた状態で帯付きの現金や保険証券、実印等がまとめて見つかったこともありました。

　いずれのケースでも遺族はそんなところにお金や貴重品が隠されているなどとは思ってもおらず「なんでこんなところに隠しているの？」と不思議そうにしていましたが、遺品整理現場ではよくある事例の一つともいえます。

　また、地震が起きた際などに貴重品をすぐに持ち出せるようにしておく「非常持ち出し袋」なども注意が必要です。筆者が過去にお手伝いしたケースでは、遺族と一緒に遺品整理をしていた際に非常持ち出し袋を見つけました。中を開けてみると、非常食や水のペットボトル、衣類やタオル等の日用品といった物が出てくるのですが一番下に煎餅等の箱として使用されている銀色の缶が入っていたのです。何か燃えては困る物でも入れてあるのかと依頼者と一緒に中を開けてみると銀ホイルに包まれた大量の一万円札が出てきました。大き目の缶が一杯になるほどの一万円札の束でしたので依頼者も「まさかこんなところからこんな大金が！」とびっくりされていました。この事例の金額は少々額が大きすぎますが、非常持ち出し袋はいざというときに備えて、ある程度のお金を入れてあることもありますので、非常食や日用品等に混ざって現金が入っていないかは必ず確認するようにしましょう。

　また、こうしたお金が隠されている現場で注意してもらいたいのが、お金が隠されているのは必ずしも一箇所だけとは限らないということです。遺品整理の際はいろいろな場所からお金が出てきますが、

出てきた場所が貯金箱や香典袋、タンスの引き出しや古い財布など、もともとお金が入っていても不思議ではない場所から見つかるのでしたら問題はありません。ただ、上で挙げたような明らかに故人が隠す意図を持っているような場所からお金が見つかった場合は、他にもお金が隠されている可能性が高くなりますので、より慎重な捜索が必要となる現場ということになります。

　例えば、敷布団をめくってみたら封筒に入ったお金が見つかったという現場がありましたが、これは見せ金であり言ってみればブラフです。実際の本命は布団が敷かれていたさらに下、つまり畳の下により多くのお金が隠されていたというケースがありました。布団下のお金を見つけて安心していたら畳の下のお金を見落としていたかもしれません。布団の下からお金が見つかった時点でお金を隠す可能性のある人だというのがわかりますので、そうした現場ではより捜索の深度をあげて畳を上げたり、押し入れ内の点検口から屋根裏の確認をしたり、キッチンの床下収納から床下の確認を行うなど怪しい箇所を徹底的に探すくらいの覚悟が必要となります。

　以前に依頼者から相談を受けたケースでは、浴室の天井の点検口を開けたすぐのところにお金が隠してあったはずなのだが見当たらないという相談を受けたこともあります。遺品整理をする際にはお金は見当たらなかったのですが、故人が生きていた頃に相続人がそこにお金を隠していることを本人から聞いており、「万が一のときは葬儀代などに充ててくれ」と言われていたお金のようです。

　ごみ処理場から大金が見つかったというニュースをたまに見かけますが、このような事件のうちのいくつかはこうした巧妙に隠されたお金で、むしろ隠しすぎてしまったがために通常の遺品整理では発見されずごみ処理場までいってしまったのではないかと考えています。

(5)　古い家屋は床板踏み抜きに注意

　遺品整理を行う建物は新しい建物もあれば古い家屋もあるでしょ

う。そうした古い家屋で遺品整理作業を行う場合に注意してもらいたいのが床を踏み抜いてしまう危険性です。

　例えば、何十年も空き家だった家屋やゴミ屋敷状態の家屋の場合は、フローリングなどが痛んでおり、場合によっては腐食していることもあります。見積もりをする際にフワフワしている床やひどく頼りないと感じる床があった場合は要注意となり、こうした現場は人ひとりが歩いて通る分には問題なくても、遺品整理の際に重たい荷物を抱えてスタッフが何往復もすると床を踏み抜いてしまうことがあります。階段前などは特に危険で、重たい荷物を抱えて階段を降りる際などは勢いよく足を付いてしまうこともあり、床板が腐っているような場合はすぐに踏み抜いてしまいます。重たい荷物を持ったまま踏み抜いてしまうとスタッフが大ケガをしてしまう可能性がありますので作業前には厚めの板などを敷くなどして補強したうえで作業にあたるようにしましょう。

　そうした現場では、事前に依頼者にも床板の状況などを説明して作業中に踏み抜いてしまうおそれがあることを伝えたうえで作業に入れば、万が一踏み抜いてしまっても修繕費等で揉めることがなくなります。

(6)　故人宛ての郵便物は転送されない

　故人の遺品整理が終わったとしても故人が亡くなったことを知らない人や企業等から手紙や郵便物が届くことはあります。なかには借金の督促状や何か重要な手紙がくるかもしれないと心配する場合は、「転送届」を出せばよいのではないかと考えるかと思います。しかし、郵便局側は故人宛ての郵便物を転送できるのか、という問合せに対して「ご家族の方から転送のお申し出があっても、亡くなられたご本人様の郵便物等を転送することはできません。」という対応を基本としており、故人宛ての郵便物は差出人へと返還されることになります。

　少し前までは、遺族が故人の振りをして、故人が生きているものと

して転居届をポストに投函すれば、実際には故人の郵便物であっても遺族の住所へと転送してもらうことが実際にはできていました。しかし、近年は転居届の際の本人確認も以前よりは厳しくなっていて、積極的に故人宛ての郵便物の転送手続を勧めるような行為はしないほうがよいでしょう。もし大事な郵便物が届くかもしれないと心配されるのでしたら定期的に故人宅の郵便ポストを確認しにいくか、賃貸物件等で難しい場合なら原則故人宛ての郵便は転送できないことを伝えたうえで、個別に郵便局の窓口へ相談するように案内してあげましょう。

⑺　刀剣類が出てきた場合

　「刀剣類」を発見したときは注意が必要です。刀剣類は一般のごみとして処分できないので遺品整理時に見つかったとしてもそのまま処分してしまうことはできません。

　刀剣類が出てきた場合にまず確認するのが「登録証」です。古い刀の場合ですと、登録証が輪ゴムなどで留めてあることが多いのですが、輪ゴム等が劣化して外れてしまっていることもよくあります。倉庫や蔵等に和櫃の一種である長持がありその中に刀が保管されていたようなケースが多く、そうした保管されていた入れ物の中に刀から外れた登録証が落ちていることもありますので忘れずに確認するようにしましょう。

　刀と登録証がセットで見つかった場合は、依頼者の住んでいる地域の「教育委員会」に届出し、名義変更をすることで所持や売却が可能となります。刀剣類を発見した際に登録証が見当たらない場合は、発見した地域の警察署へ連絡をして「発見届出済証」の交付をしてもらうことになります。発見届出済証は発見者または世帯主が行うことになりますが、筆者が以前に発見届を行った際は、依頼者が遠方に住んでいることもあり、依頼者の代わりに「発見者」として届出を行ったことがあります。そのため、遺品整理事業者が発見者として届け出を

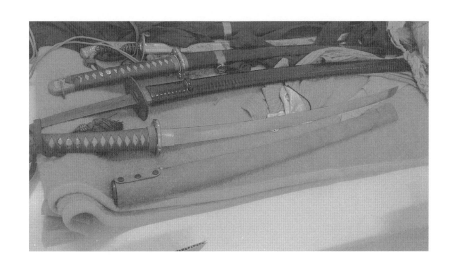

することも可能ではありますが、その後の手続きを考えるなら依頼者
に行ってもらうほうがよいでしょう。筆者が以前にお手伝いしたケー
スでは、複数見つかった刀のうちの1本を形見として所持して、それ
以外の刀は破棄することになりました。

　破棄する刀については、警察署に依頼すれば破棄の手続きを行って
もらえます。形見として残しておく刀については、発見届出済証とと
もに依頼者へ返却して、依頼者が住んでいる地域の教育委員会にて登
録審査を受けてもらうことになります。登録審査会で美術品として登
録されれば問題ありませんが、すべての刀剣類が美術品として登録で
きるわけではなく、登録不可となった物についてはやはり警察署で破
棄してもらうか、銃刀法に違反しない形に加工するなどでしてから形
見として所持することになるでしょう。

　遺品整理事業者は、遺品整理の現場から刀剣類を発見した場合は登
録証の有無の確認や、遺族が保管する場合は名義変更や発見届等の手
続きが警察署や教育委員会で必要になることを案内できるようにして
おきましょう。間違っても一般廃棄物として処理したり、面白そうだ
からと登録証のない刀剣を買い取ったりはしないでください。

第3章
遺品整理の
トラブル事例

本章では、実際に起きた遺品整理トラブルの事例やなぜトラブルが
起きるのかという部分について解説していきたいと思います。

1 遺品整理現場で起きる実際のトラブル事例

(1) 遺骨の引取り拒否

　遺品整理の見積もりで現地確認を行った際に後飾り祭壇や仏壇に骨壺が置かれていることがよくあります。遺品整理ですから本人の遺骨が遺影などとともに安置されているのはごく当たり前の光景です。亡くなった直後の遺品整理の場合、実際に作業を開始する前には遺族等が遺骨を持ち帰っており遺品整理時に遺骨が安置されたままということは基本的にはありません。

　しかし、事故案件や長年疎遠だった親族が亡くなったような場合の遺品整理のケースですと、遺族間で誰が遺骨を引き取るのかが決まっておらず、遺品整理作業当日になってもそのままになっていることがあります。また、そうした長年疎遠だった親族の遺品整理では、亡くなった本人以外の遺骨、例えば本人より先に亡くなっていた配偶者の遺骨が手元供養として仏壇に安置されているといったこともあります。疎遠だった親族の立場からすると亡くなった本人の遺骨すら引き取りたくはないけれど仕方なく引き取っているということもあるでしょう。そのうえ、亡くなった本人の配偶者の遺骨まで引き取るとなると「なんで私たちが赤の他人のお骨まで引き取らないといけないの？」となる気持ちもわからなくはありません。そうは言っても遺品整理事業者が引き取るものではありませんし、ましてやごみとして処分してよいものでもありませんので基本的に依頼者に引き取ってもらったうえで、依頼者側でその他の親族等に引き渡すなり、お寺等へ納めるなどの手続きを行ってもらうことになります。

　ただ、遺品整理事業者が作業について一任をされており遺品整理の

現場に依頼者がいないこともありますので、そのような現場で骨壺を発見した場合は依頼者に引き取りに来てもらったり、場合によってはゆうパック等で骨壺を郵送することになります。筆者が遺品整理会社に勤めていたときに、別のスタッフの遺品整理現場で作業中に骨壺を発見し、依頼者の元へ届けにいったということがありました。届けた遺骨をすんなり受け取ってもらえれば問題なかったのですが、依頼者が玄関先で受け取りを拒否してしまい、受け取ってもらうのに大変苦労したという話を聞いたこともあります。

　また筆者自身も、ある解体予定のアパートを持っている大家さんから骨壺の処分について相談を受けたことがあります。数年前に亡くなった人の部屋にその本人の配偶者だった人の骨壺が残っていたそうです。アパートは取り壊し予定だったため新規の入居者の募集をしていなかったこともあり、骨壺が放置されていたことに気付けなかったそうです。部屋の片付けについては親族が遺品整理事業者を手配していたのですが、おそらく当時遺品整理を担当した会社が遺品整理の作業中に骨壺を見つけて室内に保管していたのだと思われます。遺品整理事業者と依頼者との間でどのようなやり取りがあったのかは定かではありませんが、遺品整理事業者としては遺骨の引取りを依頼者に打診して、「遺骨は室内に置いておきますので後で取りに来てください」とでもしていたのではないでしょうか。

　しかし、依頼者の遺族としても故人の遺骨でもないのに引き取りたくはないですし、貸主の大家さんからは引取りの催促も来ないことから結局引き取らずにそのまま室内に放置され続けてしまったのではないかと予想しています。骨壺の扱いに困った大家さんはお寺に相談したところ、筆者の事務所を教えてもらい相談に来たという流れでした。

　引取り手のない遺骨に関しても引き受けて永代供養をしてくれるお寺がありますので、仏壇の魂抜きを依頼するお寺などでそうした遺骨を供養してくれるのかどうかも確認しておくと万が一の際に依頼者へ

の案内が行いやすくなります。お寺や納骨堂等ではお骨の受入れにあたり「火葬許可証」や「分骨証明証」等の提示を求められることが多いので、こうした書面が骨壺と一緒に残っている場合は必ず保管しておくようにしてください。

○　遺骨の入った骨壺をゆうパックで送る際の注意点

　遺骨の入った骨壺を郵送することは法律に違反するのではないかと心配する人もいるかと思いますが、遺骨の入った骨壺を日本国内に郵送すること自体は法律では何ら規制はされていません（海外への郵送はNG）。しかし、実務上の問題点として遺骨の入った骨壺の郵送を引き受けてくれる大手運送会社は日本郵便のゆうパックだけとなります。その他の大手運送会社では約款に引受け拒絶品として位牌等とともに遺骨が記載されており、配達伝票に「遺骨」と記載してしまうと引受けを拒否されることになります。人によっては、配達伝票に「陶磁器」や「瀬戸物」等と記載して送ってしまおうとする人もいますが、無理に送ろうとしなくてもゆうパックでなら通常の配達品と同じように配達を引き受けてもらえます。

　筆者が以前に骨壺を送る際に念のためにと日本郵便のお客様サービス相談センターに遺骨の入った骨壺の郵送について問い合わせたところ、以下の回答をもらいましたので、参考のために載せておきます。

> Q：遺骨の入った骨壺を菩提寺へ郵送したいと考えております。ゆうパックでなら骨壺の郵送も可能と聞きましたが本当でしょうか？
> A：「遺骨」につきましては、ゆうパック・重量ゆうパックの上限サイズ・重量である「サイズ：縦＋横＋高さ＝170cm（1.7m）以内、重量：30kg以内」で尚且つ、遺骨・骨壺等の内容品を保護するために十分な梱包を施していただければ、問題なく【ゆうパック・重量ゆうパック】として発送することが可能でございま

す。

※ゆうパックの上限重量：25kg以下

※重量ゆうパックの上限重量：25kg以上〜30kg以下

Q：骨壺を送る場合の梱包方法等に何か指定はありますか？

A：梱包材や梱包方法につきましては、内容品を保護するために十分
　　なものであれば特に規定はございませんため、お客様ご自身で梱
　　包のうえ差出していただきますようお願いいたします。

Q：伝票の品名は何と書けばよいのでしょうか？

A：品名につきましては、【遺骨】と記載いただきますようお願いい
　　たします。

　上記のように、遺骨の入った骨壺についてはゆうパックで問題なく
送ることが可能であり、また配達伝票等にも正直に「遺骨」と記載し
て問題ないことがわかります。

　これ以外の注意点としては、改葬や墓じまい等でお墓から回収して
すぐの骨壺には壺の底に水が溜まっていたり、直接土の上に撒かれて
いたような遺骨の場合はすぐにビニール袋等に梱包してしまうと後か
ら水分が出てくることがあります。

　改葬や墓じまいの際の骨壺や遺骨については、ゆうパックで配送す
る前に十分に乾燥させてから梱包するように注意してください。

(2) 見積もり担当者と現場担当者が異なること で起きるトラブル

　遺品整理を始める前にスタッフ間で一度室内を見回って注意点を確
認してから作業に着手するようにと既に書いたところではあります
が、この前提として依頼者からの作業要望について現場担当者が詳細
に把握していることが必要となります。規模の大きな遺品整理事業者

によっては見積担当者と実際の現場担当者が異なっていることもあります。もちろん、見積もりしかしないスタッフというわけではなく、本来は見積もりした現場をそのまま自分が担当するはずだったのに他の仕事の関係で別のスタッフに現場を任せないといけなくなったというケースや、病気やケガなどで急遽現場担当者が変わるということもあるでしょう。

引っ越し作業のように家財を引っ越し先へ運んで設置するという作業であればベテランのスタッフがいれば大きな心配はないかもしれませんが、遺品整理のケースではすべての荷物を運ぶわけでもなければすべての荷物を処分するわけでもありません。依頼者が探している貴重品を細かく捜索しながら処分する物としない物に仕分けをしたり、形見分けの品として残しておかなければいけないということもあるはずです。当然、そうした遺品整理作業中の依頼者からの細かな要望については見積もり担当者が詳しく聞いているはずで、見積もり担当者がそのまま実際の現場担当者として遺品整理の指揮を執るのが理想ともいえます。

しかし、事業規模が大きくなってくると必ずしもすべての現場がそのようにできるわけでもなく必ずどこかの段階で引継ぎ業務が必要になることが出てきます。そうした場合に見積もり担当者と現場担当者の引継ぎが上手くできていないと、依頼者から保管を依頼されていた形見の品を誤って廃棄してしまったり、賃貸物件の設備として残しておかなければいけない設備を間違って廃棄してしまったなどの事故が発生します。

筆者が知り合いの遺品整理事業者から聞いた実例では、見積もり担当者と現場担当者が異なる遺品整理現場で、見積もり担当者からは「仏具周り一式はすべて残しておく」、「写真はすべて廃棄する」という指示がされていた現場があったそうです。現場担当者はその指示どおり遺品整理を進めたところ、完了後に大クレームが入りました。クレームの原因は、「遺影」が処分されてしまったということなのです

が、現場担当者は見積もり担当者から写真はすべて処分してよいと聞いていたので遺影も処分したと言います。

確かに「遺影」も写真ですので現場担当者は間違ってはいません。しかし、見積もり担当者は見積もり時に依頼者から残しておいてほしいと言われた「遺影」だけは壁から外して仏壇の前に置いておき「仏具周り一式」に加えて、作業時に処分しないように指示していたつもりでした。どちらも指示不足、確認不足、コミュニケーション不足といえる失敗ではありますが、見積もり担当者がベテランスタッフで現場担当者が新人のような場合では、それまでの経験や認識のズレからこうした信じがたい失敗というのは起きてしまうものです。

こうした失敗を防ぐ意味でもできる限り見積もり担当者と現場担当者は同じスタッフで行うのが理想ではありますが、担当者が異なってしまう場合は社内での厳格な引継ぎルールや引継ぎマニュアルなどを事前に作成しておく必要があります。

筆者が以前に勤めていた会社ではそうした失敗を防ぐために見積もり担当、現場担当が異なるかどうかに限らず、見積もり時に確認した依頼者の要望や現地の状況、当日の協力事業者の手配状況やスタッフの配置と人数等、今日入社したばかりの新人が見ても作業を進めるのに困らないくらい詳細な内容をスケジュール表に記入するように指導されていました。

(3)　特殊清掃現場のリフォームで起きるトラブル

事故案件で行われる「特殊清掃」は定義こそ定まってはいませんが、一般的には自死現場や孤立死現場（その他殺人や火災現場なども）における汚損箇所の清掃業務と考えられています。汚損の内容としては、遺体から漏れ出た血液や体液、遺体が長期間放置されたことによって発生する蛆虫やハエなどの死骸の清掃業務となり、場合によっては腐った体組織で遺体のあった箇所が人型に形作られていることもありますし、浴槽での死亡案件などでは手足の爪がすべて剥がれ

落ちて足や手の皮膚が手袋や靴下のように漂っていることもあります。真夏の事故案件では、大規模な修繕工事や専用のオゾン発生器等を使用した特殊清掃や消臭作業が必要となってきます。こうした特殊清掃をはじめとした大規模な修繕工事は費用も高額で貸主、遺族としても頭を悩ませるところではあります。

　そのため、修繕箇所や負担割合を巡って貸主と遺族間でトラブルが発生することも珍しくはなく、賃貸借契約の内容によっては連帯保証人もおらず遺族は全員相続放棄してしまったということも起こりえますので、そうした場合はすべての費用を貸主が負担しなければならないことになります。当然、貸主としては遺族等から費用の回収ができない以上、できる限り安くリフォームを済ませたいと考えるもので、遺品整理や特殊清掃、清掃後のリフォーム等を専門の事業者ではなく普段の入退去の際に利用している工務店等に発注してしまうことがあります。ただ、賃貸物件の入退去時のリフォーム工事というのは基本的にクロスやクッションフロアの張替えを行って最後にワックスがけやルームクリーニング等を実施して完了という感じで作業内容としてはかなり定型的な内容となっており、当然その中に長期間放置された遺体による汚損箇所の清掃業務などは入っておりません。

　個人の賃貸オーナーなどは特殊清掃の難しさを正しく理解されていないことが多く、極端な話クロスやクッションフロアを全面張替えすれば死臭等は消えるだろうと簡単に考えているケースがあります。しかし、実際の特殊清掃の現場はそんな単純なものではなく、ほんの少し汚損箇所を残してしまっただけでリフォーム後であっても次の入居に支障が出るレベルで死臭を感じることがあります。実際に、一般の工務店が行った特殊清掃やリフォーム工事のやり直し案件というのは多く発生しており、室内のクロスやクッションフロア等はすべて交換され、場合によっては設備等も新品に交換されているにもかかわらず室内には死臭が充満したままというケースが何度もありました。

　こうしたやり直し現場の多くが、リフォーム前の特殊清掃が中途半

端に行われたことが原因です。例えば、体液や血液が染み込んだ基礎部分を洗剤で簡単に洗って、そのまま使用している場合や、基礎や床下まで体液が染み込んでいるにもかかわらず解体工事を行って確認作業を行っていなかった場合など、汚損箇所に気づかずに未清掃のままリフォームを完了してしまったことが原因でリフォームが終わった後でも死臭が充満するような事態になってしまっています。

　賃貸オーナーのなかには遺品整理と表面上の特殊清掃だけを行ってくれれば、リフォーム工事は自社で手配するというオーナーもいます。もちろん、そうした依頼方法でも問題はないのですが、後から遺品整理業者の清掃が不十分だったからリフォーム後も死臭が残ってしまった等のクレームを言われても困ります。特殊清掃を行う専門家としては、リフォームまで一括して依頼を受ける形にし、そうでない場合は特殊清掃の作業内容によっては死臭が残る危険性を説明したうえで、遺品整理事業者には責任がないことを明確にしておく必要があります。

　筆者の場合ですと、遺族からの依頼で賃貸物件内の特殊清掃を含んだ遺品整理の依頼を受けることが多いのですが、遺品整理後のリフォーム工事は管理会社で行うということも珍しくありません。そうした場合は、貸主と遺族間で先に説明した「合意書」を作成しておき責任の範囲を明確にしたうえで作業に着手するようにしています。解体やリフォームを伴わない作業では遺品整理事業者が行う特殊清掃がどうしても表面上の汚損箇所の洗浄に限られてしまいますので、リフォーム工事を貸主側で行う場合は清掃後でも異臭が残ることを貸主は予め了承している旨を合意書に盛り込んでおくなどして、後々のトラブルに備えています。

2　悪質事業者・詐欺的事業者と呼ばれないために

　残念ながら遺品整理業界は悪質な事業者や詐欺的事業者による犯罪行為が横行している業界でもあり、実際に多数の遺品整理事業者を名乗る個人、法人が逮捕される事件が相次でいます。

（1）　近年の逮捕事例

○相続人から遺品整理の依頼を請け負った男が東京都内の60歳男性が所有する空き家から現金740万円を盗んだ疑いで逮捕。依頼者は母親の遺品整理を依頼したが740万円もの大金が残されていることを知らなかった。（2021年）

○自治体からの許可を得ずに遺品整理の作業で出た処分品を違法に回収したなどとして、廃棄物処理法違反や特定商取引法違反などの疑いで大阪市の遺品整理事業者が逮捕。（2021年）

○無許可で家庭ごみを集めて不法投棄したとして、警視庁は都内の遺品整理を請け負う会社の社長ら3人を逮捕。同社の社長らは、一般廃棄物の処理事業者として許可を受けていないにもかかわらず、有料で引き取った粗大ごみなどをリサイクル事業者に転売し、余ったごみを会社近くの住宅街のごみ集積場に不法投棄したなどとされている。（2020年）

○名古屋市と春日井市の民家から紙や服、発砲スチロールなど計90kgのゴミの処分を26万円で無許可で請け負い、清須市のマンションのゴミ収集所に捨てた疑いで遺品整理なども手掛けていた北名古屋市の不用品回収事業者と経営者の男らが書類送検される。（2017

年)

○遺品整理などで出た家庭ごみ400kgを別のリサイクル事業者が設置
した無人の資源ゴミ回収施設に投棄したなどの疑いで札幌市で遺品
整理や不用品回収などを請け負う便利屋業の男ら4人が逮捕。
(2017年)

○無許可で一般廃棄物の収集運搬業を営んだとして、廃棄物処理法違
反容疑で大阪市の不用品回収業の男を逮捕。容疑者は故人宅の遺品
整理を請け負っており、引き取った遺品を民間駐車場に不法投棄し
たケースもあった。(2011年)

　このように遺品整理業を名乗る事業者の犯罪は後を絶たない状況
で、こうした逮捕や報道がされた事件は氷山の一角であり、発覚して
いないだけで実際の遺品整理現場ではより多くの犯罪行為が行われて
いると考えられています。

(2)　遺品整理業で行われる悪質な行為・詐欺的な行為の代表例

　遺品整理現場で起きやすい悪質・詐欺的な行為を、PIO-NET※に
登録された実際に遺品整理を依頼した消費者から寄せられた相談事例
からも見ていきましょう（次ページの表は「遺品整理のサービスをめ
ぐる現状に関する調査結果報告書（令和2年3月　総務省行政評価局
(https://www.soumu.go.jp/main_content/000675388.pdf）から抜粋）。
※　PIO-NET（全国消費生活情報ネットワークシステム）とは、国民生活セン
　　ターと全国の消費生活センターをネットワークで結び、消費者から消費生活セ
　　ンターに寄せられる消費生活に関する苦情相談情報（消費生活相談情報）の収
　　集を行っているシステムです。

分類	相談要旨
強引な勧誘・作業の実施	今年、夫を亡くした高齢の女性が、廃品回収の事業者の軽トラックを呼び止め、遺品整理を依頼した。女性は一人暮らしで軽度の認知症があるためヘルパーが心配し、不用品は外に出しておくので持って行くよう事業者に連絡して、女性には玄関の鍵を閉めておくよう伝えた。後日、事業者は不用品を回収して行ったが、その後、女性宅に電話をかけ、「もっと不用品があるんじゃないか。」と言ってきたという。「もう不用品はないから」と断ったが、「あるはずだ。」と言い、突然訪問して家の中に押し入り、引き出しを開けていたという。とられたものはないようだが、とても怖かったと言っている。 この事業者は近所も回っており、強引な勧誘をしているとの話を聞いたため民生委員に見守りをお願いした。悪質なので情報提供したい。
作業内容のトラブル（遺品を勝手に処分）	母が亡くなったので遺品を処分するために、インターネットで探した事業者3社から見積りを取った。一番安い事業者に依頼し、2か月前に作業員3人に作業してもらった。その場で自分が不要か必要か判断して近くにいた作業員に指示を出し、2tトラック3往復分の遺品を運び出してもらったが、翌日ラジカセがないことに気がついた。その後もDVDプレーヤー、ゲーム機、布団、辞書がないことが分かった。これらは自分の物で、遺品と分けて事業者に処分しないように指示したものであるが、誤って別の作業員が運び出したようだ。作業も遺品を乱暴に扱うなど雑であった。どうにかして取り戻したい。
作業内容のトラブル（雑な作業・遺品破損）	遺品整理を含み、片付けなければならない荷物が膨大であったので、インターネットで家事代行サービス会社を探した。 検索した事業者に電話をし、今から約2か月前に契約した。それ以降、作業は5日に分けて行われた。支払額は、合計で約30万円であり、その都度、5～6万

	円を現金で支払った。不用品の仕分作業も依頼したのだが、その分別作業の際、作業員が高価な陶器を誤って落とし、割ってしまった。作業員の1人に「(割った陶器について)どうしたらよいでしょう」と問われたので、私は「会社に聞いてください」と答えた。その後、事業者から電話があり、来週、担当者が自宅を訪れると言う。その際、どのような点に気をつけて対応すればよいか。私としては何らかの補償は求めたい。陶器の価値は不明だが、有名な窯元の作家の名入りのものだ。なお、この事業者の作業内容には満足している。
作業内容のトラブル(作業未了・途中放棄)	他県の賃貸アパートに住んでいた姉が亡くなって大家から期日までに退去するよう求められた。知人にこれを相談するとインターネットで遺品整理の事業者を見つけてくれた。 事業者とともに姉が住んでいた賃貸アパートで見積りを行い、事業者に期日までに姉の家財を撤去するよう頼んで32万円で契約した。 事業者が2tトラックで家財を運ぶ約束であったが、軽トラックであったため全て撤去できなかった。期日までに撤去できそうになかったので残りの作業を断って私と知人が片付けることにした。事業者に電話して断ると「32万円を支払わなければ撤去した家財を送り付ける」と言われた。
作業未実施(返金なし・業者連絡不能)	3か月前、祖母宅の遺品整理をしてくれる事業者をインターネットで探した。インターネット上で登録すると当該事業者が連絡を取ってきたので、電話で話して見積りを依頼した。 後日、現地で母が立ち会って当該事業者の見積作業を行った。作業代金は約8万円、作業は10日後に行うことで契約した。支払は現金で前払と言われ支払った。事業者から「約束の日に作業ができない。後日行う」という簡易メールが届いた。しかし、いつまでたっても作業が行われず困惑していたところ、「やっぱり作

	業できない。返金します」とメールが来たが、その後「金策しているが用意できない。借用書を送るのでお金を貸していることにしてほしい」と通知が来た。その後、連絡が取れなくなった。納得できない。返金してほしい。
高額な料金請求 （見積時・解約時）	遠方で一人暮らしをしていた母が亡くなったため、母が居住していた地域の便利屋に遺品整理をしてもらうことにした。 　親族が当該地域の近くに住んでいたため、親族立会いのもと、母宅の家財等を見てもらい見積りを出してもらった。3日間の作業で費用は37万円であったが、その内容で了承し契約した。後日20万円で作業してくれる事業者を見つけたため、契約した事業者にキャンセルを申し出たところ、キャンセル料として17万円を請求された。 　キャンセル料については説明されておらず、高額で納得できない。
高額な料金請求 （作業終了後（追加請求含む。））	一人暮らしをしていた母が亡くなり、実家の遺品整理のため、インターネットで検索した事業者に電話して見積りに来てもらった。 　見積金額は14万1,000円で、その内訳はスタッフ4人の人件費が7万6,000円、2 t トラック1台2万5,000円、トラック1台分の廃棄物処理代4万円であった。他社との見積りと比較して、この事業者に作業を依頼し、作業に立ち会った。事業者はトラック1台分の荷物を積み込むと、4万円を先払いしてもらわないと廃棄物処理ができないと言うので現金で4万円を支払った。その後も荷物の処理のため3往復し、その都度4万円を支払ったが、時間内に作業が終わらず荷物はまだ残っている。 　事業者から請求された金額は32万円で、当日持ち合わせていた20万円を現金で支払ったが、残金12万円を請求されている。見積りの際、廃棄する荷物が多ければ追加費用が発生するという説明は聞いていない。見

	積書にもその記載はなく、契約書もない。残った荷物を廃棄して、見積金額以上の金額を返してほしい。
解約時手付金未返却	他県に住む母が亡くなり、遺品整理の事業者に5日前に来てもらって見積りを取った。その時に内金2万円を支払った。領収書はもらわなかったが見積書に内金2万円受領と記載はある。昨日、キャンセルを申し出たが、内金は返金しないという。理由はトラックの手配や手間賃だという。 　見積りは無料という業者のはずだし、家の整理を依頼しているのはまだ2か月以上先である。返金してもらえないか。
業者に対する不安（不信）	他県に住む兄が他界し、賃貸アパートに残された家電を含む遺品を整理しようと、大家から紹介を受けた不動産関連事業者に依頼した。 　後日、事業者から見積書が届き、見積額33万5,340円を前払するように言われた。見積書の内容はダンプ2台で24万円を始め、家電を1台につき4,000円、人件費1名当たり7,500円の4人分、車の燃料代、鍵の紛失交換代や人件費が内訳として記載されている。 　近くの金融機関から送金しようとしたところ、窓口担当者から何の支払か確認され、内容を伝えたところ送金先が個人名になっている、事業者なのに個人名の口座に送金して大丈夫だろうかと送金先を確認するよう勧められた。事業者に確認の電話をしたところ、個人名の口座で間違いない、金融機関にも間違いない旨を連絡すると言われた。対応した社員が動揺している感じがしたこと、高額な見積額を前払することに不安を覚えた。送金して大丈夫か。

　これらの相談事例は、遺品整理や不用品回収業界隈では頻繁に起きているトラブルともいえます。では、自分達がこうした悪質・詐欺的な事業者と同列に扱われないにようするためにはどうしたらよいのでしょうか。

2　悪質事業者・詐欺的事業者と呼ばれないために　　187

一つは丁寧な説明です。上の相談事例からもわかるように依頼者の多くが「そんな話は聞いていない」ということに不満を持っています。実際の遺品整理現場では、見積もり時には確認できなかったリサイクル料金が発生する家電製品や処分には別途料金の発生する金庫や畳、その他処理困難物が見つかることもよくあります。そうした遺品が作業当日になってから発見されれば追加料金が発生することは事業者側からすれば仕方のないことなのですが、依頼者側からは何が追加料金の発生する作業なのかは事前に説明をしてもらわなければわかるはずもなく、説明がない以上は見積もり金額ですべての遺品を回収してもらえると考えていて当然です。

　こうした事業者と依頼者の認識のズレからトラブルが発生するともいえますので、トラブルを防ぐ一番の手段はやはり「丁寧な説明」となるでしょう。実際に遺品整理に着手してみなければ追加料金の発生の有無は判断つかないことも多いでしょうが、どういった作業が増えた場合に追加料金が発生するのかは見積もり時でもわかっているはずです。

　例えば、隠れたリサイクル家電が見つかった場合は、家電1点につき○○円追加、家財が想定より多く追加の回収車両が必要になった際は追加配車費用として○○万円追加、作業開始○日前のキャンセルは作業代金の○％をキャンセル料として支払ってもらう等はどこの現場でも同じ内容ですので見積もり時に念のため説明しておくということは十分可能なはずで、追加作業の発生の有無に関わらず見積もり時に説明しておくに越したことはありません。

　ただ、事業者が丁寧に説明していたとしてもトラブルが起きた現場では「そんなことは聞いていない」と言われてしまうものです。言い方は悪くなってしまいますが、消費者（お客さん）は基本的に自分に都合のよいほうに物事を解釈する傾向にありますので、そうした「説明した」「聞いていない」といったトラブルに対処するにはやはり見積書や契約書にしっかりと追加料金やキャンセル料等のトラブルにな

りやすい事項については明記しておく必要があるでしょう。

　また、相談事例最初の「強引な勧誘・作業の実施」に書かれている内容は一見不用品を追加で回収して仕事を増やそうとしている強引な契約事例にも見えますが、これは典型的な「押し買い」の事例と思われます。悪質な訪問購入を「押し買い」と呼び、不用品の買取りなどを口実に個人宅にあがり込み依頼者が引取りを依頼した以外の物品についても執拗に買取りを迫り宝石や貴金属といった物を法外な安値で強引に買い取っていく手法で特定商取引法では訪問販売と同様に規制の対象となっています。遺品整理の現場よりもむしろ「生前整理」の場面でこうした押し買い事業者による被害が増えている実態があり、高齢者が終活の一環として生前整理を行っている際に「不用品や着なくなった着物を買取りいたします！」などのチラシを見て、買取り依頼をした事業者のなかに相談事例のような悪質な事業者が混ざっており、高齢者から強引に商品を買い取ってしまうケースがあります。

　生前整理を業務範囲に加えている遺品整理事業者の場合は、上記のような悪質事業者と間違われないためにも、生前整理時に買取り行為をする際は重要事項を記載した書面を適切に交付するなど特定商取引法に従った方法で実施するようにしてください。

(3)　金銭面だけではない悪質事業者の実態

　上記では主に遺品整理の作業方法や料金の支払いについての相談事例が挙がっていますが、遺品整理事業者が逮捕される理由では無許可回収や不法投棄の事例が多くなっています。これは無許可回収や不法投棄の問題が表面化しづらい問題であり、遺品整理を依頼する側としてはその依頼先の事業者が必要な許可等を有しているのかどうかはわかりませんし、仮に事前に許可等の有無を確認したとしても違法な行為をする事業者が正直に話すとも思えません。そのため、国民生活センター等への苦情や相談は遺品整理時のトラブルが中心となり、実際に逮捕者まで出す問題事例について依頼者自身は気付いていないこと

も多くあります。

　そうした依頼者が気付きにくい部分を利用して悪質な事業者は無許可回収や不法投棄を繰り返していくことになります。悪質事業者が違法な行為を行う一番の理由は、遺品整理を適切に行うにはコストが掛かるからに他なりません。これまでに説明してきたように遺品整理を適切に行うためには様々な資格や協力会社との提携が必要となります。一般廃棄物収集運搬の許可に代表されるように必ずしも申請したからといって遺品整理に必要な許可が下りるわけではありません。そうであるなら、許可を有している事業者に協力を求める必要が出てくることになりますし、外部に依頼をすれば当然それだけコストが増加して自社の利益が減ることになってしまいます。遺品を適正に処分するために外部企業を利用する必要があるというだけなら、遺品整理の依頼者に必要な費用を請求すれば済むことですが、近年は遺品整理事業者も数えきれないほど存在し、価格競争も激しくなっているため、他社より高い見積もり金額を出してしまうと遺品整理の依頼を他社に取られてしまうことも十分考えられます。

　遺品整理業は様々な業種からの参入も多く、なかには一般廃棄物収集運搬業の許可を有して自社で一貫して室内の仕分け作業から梱包、搬出、運搬等も行う遺品整理事業者も存在します。そうした企業と見積もりで競合してしまうと、依頼する側としてはどうしても遺品整理に掛かる料金だけで依頼先を選んでしまう傾向にあり、許可を有していない事業者にとっては厳しい戦いとなるのは間違いありません。そうした遺品整理事業者がひしめく状況下では、遺品整理のコストを少しでも削減しようと企業努力が行われますが、なかにはそうしたコスト削減を無許可回収や不法投棄という違法な方法で行う企業も出てきます。

　遺品整理に掛かるコストの多くが遺品の処分費用であり、遺品の処分費用を浮かすことができれば利益に直結することにもなるため、どうしても遺品整理業界では不法投棄の話題がついて回ることになりま

す。遺品などの不用品の処分費用というのは年々増加傾向にあり、外部企業に回収依頼を出している遺品整理事業者にとっては処分費用の問題は死活問題ともいえる状況です。遺品整理の需要の増加を考慮して一部の自治体では遺品整理に伴い発生した廃棄物に限定した許可を遺品整理事業者に付与しているケースもありますが、全国的な取組みとまではなってはいないのが現状です。したがって、無許可回収や不法投棄等の安易なコスト削減に走るのではなく、処分費用の安さに負けない自社の独自性やサービスの質を上げることで遺品整理の受注につなげ、悪質な事業者と呼ばれない体制を構築してください。

(4) 遺品整理現場から見つかった金品の着服

　無許可回収や不法投棄に次いで遺品整理業界で悪質な遺品整理事業者と呼ばれるのが、遺品整理現場で見つかった金品等を着服する事業者です。遺品整理の現場からは遺族が想像もしていなかった場所から現金等が見つかることも多く、それゆえ遺品整理事業者には丁寧な貴重品の確認作業が求められることになります。これは遺品整理を行ってみなければ遺族は遺品整理現場に多額の現金等が眠っていることに気がつかないということであり、遺族が「そんなお金があるなんて思ってもいなかった」という遺品整理現場は悪質な遺品整理事業者にとっては絶好のチャンスの場となってしまっているともいえます。

　もともと遺族自体が多額の現金や高価な貴金属などはないと思い込んでしまっている現場では、たとえ遺品整理作業中にそうした品々が見つかったとしても遺品整理事業者が発見の報告をしない限り遺族は気付くことはありません。もちろん、遺族が遺品整理の当日に作業に立ち会っていればこうした被害は多少防ぐことは可能ですが、遺品整理の現場がワンルームのような小さな現場ばかりとは限らず、たくさんの部屋がある遺品整理現場では遺族の目がすべてに届くとは限りません。

　遺品整理現場では現金以外にも金貨のような小さくても高価な品と

いうものはたくさんあり、そうした物はたとえ遺族が立ち会っていたとしても簡単にポケットに仕舞われてしまうこともありますので、そうした被害は遺族に気づかれていないだけで多数発生していると思われます。

　筆者が実際に弁護士からの依頼で作業を行った遺品整理のケースを紹介すると、その現場では作業依頼に先立って複数の遺品整理事業者で相見積もりを提出することになりました。筆者は、マンションの高層階であることや部屋数も多く、かつほとんどの部屋が天井にまで届くほど荷物が積み上げられていることなどから、約90万円の見積もりを提出しました。その他の会社もそれぞれに見積もり金額を提出していったのですが、ある一社の見積書だけは異常に金額が安く書かれていたようで、その金額がなんと20万円だったそうです。筆者自身はその見積書を確認してはいないのですが、弁護士もあまりにも金額が安すぎるということで、その遺品整理事業者を怪しく感じ、結果的に相続人と弁護士との相談のうえで筆者の事務所が遺品整理を行うことになりました。

　では、なぜこの遺品整理事業者は20万円などという破格の金額を提示してきたのでしょうか。この遺品整理の現場は弁護士が関与していることからもわかるとおり、かなりの富裕層のお宅でした。ですので、室内は天井まで荷物で埋まるくらいの状況ではあるのですが、決して価値のないごみばかりというわけではありません。専門の買取事業者が見れば喜んで買取り査定をするような品も多数あり、実際に遺品整理作業を始める前に行った買取り査定でも数百万単位の買取金額が提示されていましたし、遺品整理作業中には現金でも数千万単位で現金が発見された現場でもあります。こうした遺品整理現場は悪質な遺品整理事業者にしてみれば宝の山です。

　つまり、見積もりの段階では他社を圧倒する低料金の見積額を提示して遺品整理の依頼を受注し、遺品整理の依頼を正式に受けた後は悪質事業者が自由に室内の出入りができるようになるため、遺品のなか

から足の付きづらい金品を確保して低料金で提示した見積金額を上回る利益を得ようと考えていたのではないかと思われます。実際に遺品整理を行っていた際も現金以外に金貨や貴金属が大量に出てきていましたので、こうした品はいくらでも隠して持ち出すことも可能であるため、依頼者が弁護士の先生ではなく、一般の遺族だけで依頼先を決めていたのなら料金の安さから間違ってこうした悪質な事業者へと依頼を出してしまっていたかもしれません。

　ただし、筆者の事例はあくまで異常な安さに不信感を覚えたという理由で弁護士には選ばれなかったというだけで、実際にはその見積金額で適切な遺品整理を行った事業者だった可能性もゼロではありません。依頼する側からすると根拠のない低料金や大幅な値引き等には不信感を覚えるものですので、企業努力の結果により他社より安くサービスを提供することが可能な場合は是非その点のアピールも忘れずに現場確認の際や見積書の提出時にするようにしてください。

　こうした依頼者側の不信感というのは、安い見積もりだけではなく他社より高い見積もりの場合にもいえることで、他社と比べて極端に高い見積もりなどは依頼する側からすると「ぼったくりか」と思われしまうこともあります。

　提供しているサービスの質が高いからこその金額だったとしても、その根拠をわかりやすく示すことができないと依頼者には低料金の事業者と同じく不信感を抱かせてしまうことになりますので、自社のサービスに自信があるからこその金額設定の場合は、依頼者に正しく伝わる工夫をするようにしてください。

Column ••••••••••••••••••••••••••••••••••

警察官すら抗うことができない遺品整理現場の闇

　悪質な遺品整理事業者が逮捕されるというニュースを頻繁に耳にしますが、こうした犯罪は何も遺品整理事業者だけとは限りません。

　2023年に大分県の警察官が他人名義のキャッシュカードを使用して現金100万円をATMから引き出して盗んだ疑いで逮捕されました。この事件で驚くのは、警察官が「人が亡くなっていた住居でカードを入手した」「暗証番号も室内で確認した」と供述していることで、つまり孤立死等で亡くなっていた人の部屋に公務で訪れた際にキャッシュカードを手に入れ、暗証番号も室内で確認していたということです。

　警察官の犯罪はこれ以外に、2019年に栃木県警の警察官が孤立死現場から300万円相当の高級腕時計を盗んだとして窃盗容疑で逮捕されている事件もありました。この事件も一人暮らしの男性が亡くなった現場に捜査のために警察官が訪れた際に腕時計を盗み、その後栃木県警を名乗る者から腕時計の買取りの申し出があったと買取事業者より他県の警察に通報があり発覚したという事件です。

　警察官であっても人間ですので罪を犯してしまうことはあるでしょう。しかし、いずれの事件も孤立死現場に残されていた貴重品を盗む行為で、警察官としてはあるまじき行為です。こうした事件は、高い倫理観を備えているはずの警察官であっても誰の目も届かない場所では、それが孤立死現場のような場所であっても犯罪に手を染めてしまう可能性がある

ことを示しています。

　遺品整理現場では、依頼者の立会いなく作業を行うことは日常茶飯事でもあり、そうした現場のなかからは現金や貴金属が大量に見つかることもあります。それゆえ、遺品整理事業者は、不正を行わないという高い倫理観を経営者だけではなく実際に現場で作業にあたるスタッフ全員が持っていなければなりません。ちょっとした心の隙間がスタッフを犯罪行為に走らせてしまうのが遺品整理の現場でもありますので、多くの従業員を抱えている経営者は社員教育の徹底を図ってください。

(5) なぜごみ処理場で多額の現金が発見される事件が相次ぐのか

　遺品整理現場で起きるトラブル事例としては、遺品整理事業者が金銭を着服する問題以外にも、遺品整理現場に残されていた多額の現金を遺品整理時に見つけることができずそのままごみ処分場まで運ばれてしまう事故も多数発生しています。以下は、近年発生した事例です。

　○　富士市のプラスチックごみを扱う民間の中間処理施設で市が回収したごみの中から364万円が見つかる。現金は古びた布製のセカンドバックに紙幣だけが入っている状況でみつかりすべて1万円札。バックは透明な市指定のごみ袋に入っていたとのこと。(2023年)
　○　大津市伊香立北在地町にあるごみ処理施設「大津市北部クリーンセンター」で大型ごみの中から、現金約500万円が見つかる。紙幣がまぎれ込んでいたのは、事前に回収の申込みが必要なタンス等の大型ごみで市が有料で回収していたものとのこと。(2022年)

　この2つの事例は、市のごみ袋に入れて指定のごみ置き場にごみを出していたことや事前に予約の必要な市の粗大ごみ回収サービスを利用していることなどから、おそらく遺族が自分達で遺品整理を行い見落としてしまった事例かと思われます。発見された場所も「古びた布製のセカンドバック」や「タンス等の大型ごみ」となっており、遺族だけで遺品整理を行う際などは大量にあるバック類のすべてのチャックを開けて中を確認するのは非常に手間なため、そのままごみ袋に入れられてしまうことも珍しくはないでしょう。

　しかし、遺品整理事業者でしたらバックやカバン類はすべてチャックを開けて中身を確認しますし、タンス等もいったんすべて衣類等を出して現金などが包まれていないかなどを確認するので、遺族が見落としがちな箇所を面倒くさがらずに丁寧な捜索でしっかりと見つけて

いくのが遺品整理の専門家ともいえます。

○　札幌市北区にある資源ごみ回収施設でごみの中から現金1,000万
　円がみつかる。施設は、市内全域から回収された牛乳パックなどの
　雑紙を扱っており作業中に台の上に並べている最中に発見される。
　（2023年）

　遺品整理の現場では、多額の現金が故人によって故意に隠されていることも珍しくはなく、あまりに巧妙に隠されてしまうとベテランの遺品整理事業者でも発見できないこともあります。

　この事例がどのように回収施設に搬入されたのかは不明ですが、もしかしたら資源ごみとして出された牛乳パックの中やパックの束に現金が隠されており、遺族等がそれに気づかずに処分してしまい、パッカー車等の車両で巻き込み圧縮されながら回収されていくなかで、牛乳パックなどからこぼれだし、最終的にパッカー車から排出された際に作業員に発見されたのかもしれません。ただ、現金1,000万ということですので、牛乳パックに入れてもかなりの重量になるでしょうし、その他の厚紙などで包んであったとしても丁寧に貴重品捜索を行う遺品整理事業者なら発見できたかもしれない事例ともいえます。

○　兵庫県姫路市の廃棄物処理施設で、施設の作業員が回収した廃棄
　物を分別する作業を行っていた際に破棄物のなかから現金約1,000
　万円を見つける。警察に届け出がされるも持ち主は不明。（2021年）
○　東京都東村山市にある民間の古紙リサイクル工場で、回収された
　新聞紙やチラシの選別作業中に職員が茶封筒の中から１万円札192
　枚を見つける。（2021年）
○　故人宅を解体時に出たごみをガレキとともに処理場へ運んだとこ
　ろ一緒に運んだ段ボールの中から約4,000万円もの現金が発見され
　る。（2017年）

近年は遺品整理事業者が遺族に代わって遺品整理をするのが一般的になってきており、遺族が気づかずに故人の遺産である多額の現金等を処分してしまったという事故を防ぐ役割を担ってきているともいえます。一般廃棄物収集運搬業の許可を有する事業者やそうした許可事業者と提携して遺品を適切に処分する場合は、自治体のごみ処分ルールに従って分別を行うことになるため、丁寧に分別作業をすればするほど見落としは少なくなります。

　しかし、一部の違法事業者は一般廃棄物ではなく産業廃棄物として回収を行ったり、いったん事業者の倉庫等へ運んだ後に処分するなどをするため必ずしも丁寧な貴重品捜索が行われるとは限りません。また、そうした一般廃棄物を産業廃棄物として処理するケースでは廃棄物の処理費用の計算の際に○○万円／㎥のように物の嵩に対して金額を掛けて処分費を算出するケースが多く、この処分費の算出の仕方が多額の現金等の発見を困難にさせている要因の一つになっています。

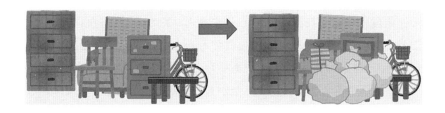

　例えば、左のイラストのような遺品を処分したいと考えた場合、きちんと仕分けや分別作業を行った場合はタンスの中などもすべて引っ張り出して可燃ごみや不燃ごみなどに分別することになります。そうした場合は、右図のようにタンスの中は空となって中身はごみ袋などに梱包されたうえて許可事業者等に回収してもらうことになります。

　ただ、こうした作業方法は自治体の分別ルールに従って分別を行うため時間も掛かりますし、タンス等から衣類や日用品等を出すことによって、見かけ上のゴミの嵩が増えることにもなります。仮にタンスの中に衣類等をしまったままならコンテナ１台で済んだところ、細か

く分別してタンスの中身をすべてごみ袋に梱包した結果、コンテナ1台では積み切れずにもう1台手配する必要が出てきたとなったらどうでしょうか。処分費を〇〇万円／㎥のような形で算出する場合に悪質な遺品整理事業者が考えることは「どれだけコンパクトに収めるか」となります。

　例えば、1万円／㎥で混載ごみを回収してくれる産廃事業者がいた場合に、タンス等の中身をそのままにした状態でコンテナに積み込んだ場合は4㎥で済んだとなれば、処分費は単純計算で4万円となります（配車費用除く）。しかし、タンスの中身も出して細かく分別してから積み込んだら6㎥にまで嵩が膨らんだとなると、処分費が余分に2万円掛かってくることになります。また、8㎥のコンテナ1台の配車費用が処分費とは別に2万円発生するとなると、細かく分別した結果さらに1台コンテナを手配する必要があるとなったら、それだけで処分費用の追加が発生してしまいます。

　当然、回収事業者に支払う費用が追加になればその分遺品整理事業者の利益が減ることになりますが、反対に考えるなら遺品として処分する家財類をなるべくコンパクトに収めればその分遺品整理事業者の利益が増えることにもつながります。

　そうなってくると、タンスなどの空スペースに他の家財をさらに詰め込んでいき、見かけ上の処分量を減らすといった、企業努力とは言い難い悪質なコスト削減に走る事業者も出てきます。また、タンス等の中を細かく分別しないということはその分作業時間の短縮にもつな

がるため、悪質な事業者としては処分費の削減と作業時間の短縮を兼ねた一石二鳥の手段となってしまうわけです。

　ただ、処分費や作業時間の短縮を図ってタンスの空きスペースに物を詰め込んだりすれば当然、もともとタンスの中に隠されていた現金等は奥に押し込まれてしまい、気づかれずにそのまま遺品整理の現場から搬出されて処分場まで運ばれてしまうことになります。結果、先に挙げた報道事例のような「ごみ処分場から多額の現金が発見！」などの事故につながってしまうことになります。

　遺品整理事業者が増えるにつれてこうしたごみ処理施設から多額の現金が見つかるといった事例も増えているように感じています。なかには、不法投棄などの違法行為とまではいかなくても、悪質なコストカットを図った結果、依頼者に大きな損害を与えてしまっているケースもありますので、悪質事業者と呼ばれないためにも丁寧な貴重品捜索とルールに則った遺品の処理を心がけてください。

Column ·······································

ごみ処分場で発見されたお金は
本来相続人に渡るべき相続財産であったはずだ！

　ごみ処理施設で見つかった多額の現金については次のような
ニュースも話題になっています。

　2021年のコロナ禍で岐阜県多治見市内にあるリサイクル
センターで封筒やポーチ等の処理中の破棄物から500万円が
発見されました。現金を発見した廃棄物処理事業者は適切に
警察へ届け出ましたが、その後も所有者が見つからず所有権
は廃棄物処理事業者に移ることになり、廃棄物処理事業者は
コロナ対策に活用してもらうようにと自治体へ寄付したとい
うニュースです。

　このようなニュースを見ていると、そのほとんどが持ち主
不明のまま発見者へ所有権が移っていたりします。では、な
ぜ発見されたのに本来の所有者へと戻らないのでしょうか。

　遺品整理現場では大量の家財を一度に搬出処理することに
なりますが、この作業は日本全国で毎日何百件と行われてい
ます。当然、各家庭から出された廃棄家財を受け入れるごみ
処理施設も、１日に何件もいろいろな遺品整理事業者から搬
入を受け入れることになります。また、搬入された家財の仕
分けをさらにごみ処理施設で行うわけですが、搬入された当
日にすべての処理が行われるとは限りません。

　つまり、ごみ処理施設に搬入された時点で、他の業者から
持ち込まれたごみ等と一緒くたとなってしまい、結果とし
て、ごみ処理施設で現金を発見した時点では、いつ、どこの
遺品整理事業者から持ち込まれた遺品なのかが特定できない

状況となってしまっているのです。もちろん、ごみ処理施設で多額の現金等が発見されたとなれば、警察へ届け出て持ち主を探すことになりますし、テレビや新聞等でも報道されることになります。それでも本来の持ち主が名乗り出ることは稀でありごみ処理施設で発見された現金等はそのまま発見者へと所有権が移ってしまうことになります。

　なぜ、テレビや新聞などで報道されているのに持ち主が現れないのかというと、遺品整理を依頼した遺族自身が「高価な品なんてナイナイ」「どうせろくな物は残っていない」と思い込んでしまっているからです。故人と遺族の関係が希薄だったりすると、故人の資産状況を遺族が正確には把握していないことも多く、また住んでいる場所が古いアパートだったりすると、その生活の様子からこうした思い込みをしてしまいやすくなります。

　そのため、ごみ処理施設で発見された多額の現金は、本来の所有者（相続人）の手元には戻らずに全く関係のない廃棄物処理事業者に所有権が移ることになってしまい、自治体等へと寄付することでなぜか美談めいた話へと変わる不可思議な状態になっているのです。

　本来の相続人とすれば、遺品整理で発見された後に相続人間で分配するべき大事な故人の財産を第三者が知らないうちに寄付を行っていることになるわけですから、気の毒な話だと思いませんか。とはいえ、ごみ処理施設が悪いわけでも、寄付を受けた自治体等が悪いわけでもありません。強いて言うなら、中途半端な仕事をした遺品整理事業者が悪いのです。こうしたごみ処理施設から多額の現金が発見されたというニュースが流れないよう丁寧な貴重品捜索を心がけてもらいたいと思います。

第4章

相続業務を手がける
士業視点からみた遺品整理業務

1　士業の立場からみた利用したくなる遺品整理事業者とは

　第1章では、遺品整理業を行っていくうえで貸主と遺族間のトラブルや相続放棄等の相談に対応するために士業との提携について書きましたが、士業から遺品整理の依頼が入ることも珍しくはありません。

　例えば、成年後見人である弁護士や司法書士から被後見人が施設に入るための自宅売却前の家財整理の依頼を受けることもあれば、相続放棄の相談を受けた司法書士より相続放棄に影響の少ない形での遺品整理の依頼を受けることもありますし、相続手続や死後事務に関する遺産整理業務を行う士業から遺品整理の依頼が入ることもあります。そうした相続手続に関連する業務を行う士業にとっても遺品整理作業というものは軽視できるものではなく、むしろ遺品整理の現場こそ故人の財産状況を確認するために一番重要な場所ともいえます。

　ですので、遺品整理事業者は士業からの依頼を1回だけで終わらせるのではなく、定期的に依頼を受けていくために士業にとって利便性の高い事業者である必要があり、そのためには士業がどういう作業内容で遺品整理を進めてほしいと思っているのかといった士業の視点から遺品整理作業を見ていく必要があります。

　本章では、遺品整理事業者ではなく相続業務を担う士業の視点から遺品整理を考えていき、遺品整理の作業中のどういった点について注意を払えば士業が次も利用したいと思う遺品整理事業者になれるのかについて解説していきたいと思います。実際に相続手続や死後事務手続の依頼を受けて遺品整理も自身で行う筆者の観点から書いていますので、すべての士業に通じるものではないかもしれませんが、相続や死後事務を行っている士業はこんなことを考えているのだなという参考にしてもらえればと思います。

(1)　士業にとって遺品整理は遺産整理の第一歩

　一般的な遺品整理事業者は、遺族から遺品整理の依頼を受けて、希望どおりに遺品整理を終え、遺品整理中に発見した貴重品や思い出の品等を依頼者へと引き渡せば依頼は完遂となります。しかし、士業にとっては遺品整理の完了は遺産整理のはじまりともいえ、むしろ遺品整理事業者が遺品整理を開始する前から遺産整理は始まっているともいえます。

　遺品整理と遺産整理は一文字違いでよく似た言葉でもあり、遺産整理自体に確たる定義があるわけではありませんので、広義の遺産整理には遺品整理も入っていると考えられます。ここでは遺品整理を一般的なイメージである故人の残した家財道具等を片付けることとし、遺品整理も含めた故人の預貯金や債務等の財産関係の洗い出しや名義変更等について遺産整理と呼ぶことにします。士業にとっての遺産整理とは、一般的に「相続手続」と認識している作業であり、遺族等が自分達だけでは手に負えないと考えた相続手続を士業が遺族に代わって行う作業となります。

　遺産整理を始めるにあたってまず行うのが故人の相続財産の洗い出しです。故人の相続財産には預貯金等のプラスの財産はもちろん、故人が生前負っていた住宅ローンや消費者金融等からの借入れ、その他事業の連帯保証契約などのマイナスの財産も含んでおり、それらすべての財産を確認して財産目録を作成していくことから遺品整理は始まります。財産目録の作成にあたっては当然故人の資産状況を確認するための資料を集めなければいけないのですが、そうした資料がどこにあるのかといえばやはり故人が生前生活していた自宅に保管されている確率が一番高く、遺品整理の現場こそ財産目録を作成するにあたっての最重要ポイントといっても過言ではありません。

　したがって、本来遺品整理作業というのは士業が１から監督しながらすべての資料に目を通して必要な物と不要な物を分別した後に処分

するかどうかを決めていく作業となるべきですが、手間や時間を考えるとどうしても士業が直接そうした作業を行うというのは現実的ではなく、遺品整理事業者に頼らざるをえないことになります。そうした意味で遺産整理を行う士業にとっての遺品整理事業者とは自分の代わりに故人の財産調査の一端を担ってくれる大事なパートナーとなりうる存在でもあるため、ある程度の相続に関する知識を持ち丁寧に証拠資料集めてくれる遺品整理事業者というのは非常に心強い味方ともいえます。もちろん、遺族から遺産整理を受任している士業も故人の財産調査を遺品整理事業者へ丸投げしてしまうようでは遺産整理の業務を適正に行っているとはいえません。少なくとも遺品整理前から遺産整理の依頼を受けているのなら士業自らが遺品整理の現場へと足を運び、テーブルの上に置いてある資料や引出しの中に保管されている資料等のすぐに確認できる場所にある資料については士業自身で確認すべき作業です。

そうして士業が自分でできる範囲での財産調査を行った後の部屋について遺品整理事業者が作業に入り、士業の事前調査では探し切れなかった押し入れの奥に眠っている資料やタンス預金などが隠れていないかを調査していくのが遺品整理と遺産整理の理想形といえるのではないかと筆者は考えています。

遺産整理において、遺品整理事業者と士業は車の両輪ともいえる存在であり、どちらか一方だけでは遺産整理を適切に進めることはできません。遺品整理事業者が故人の部屋から発見した資料等をどのような形で士業が活用するのかの実例をいくつか挙げてみたいと思います。第2章の「遺品整理現場でいうところの「貴重品」とは何か」でも、遺品整理の際に発見したら残しておくべき貴重品について説明しましたが、士業目線からどのような物が必要となるのかをもう一度見てみたいと思います。

① 現金・預貯金通帳・ネット口座の存在を示すハガキ類等

　現金・預貯金通帳等は故人の財産の中核をなすものであり、士業にとっても財産目録を作成するうえで最も大事な資料ともいえます。繰越済みの通帳であっても大事な資料であり、最新の通帳だけでは過去の入出金の履歴が載っていないこともあります。繰越済み通帳のほうに保険金の支払い履歴、定期的な返済（負債）、各種サブスク契約の料金の支払い、ネット口座や証券口座への資金移動等の履歴が残っていた場合には、最新の通帳だけではそうした故人の財産資料を見落としてしまうことになります。もちろん、士業としては金融機関で故人の預貯金の取引履歴を取得することもできますので、最悪繰越済みの通帳が処分されてしまったとしても代わりになる資料を取得することは可能ですが、時間と費用が掛かってしまうため、そうした内容をすぐに確認できる繰越済み通帳は大事な資料といえます。

　特に近年はネット口座やネット証券などの活用も広まり銀行通帳やキャッシュカードのように直接金融資産の存在を示す実物のある手がかりが室内に残されていないこともあるため、そうしたデジタル遺品とも呼ばれる財産資料を見つける端緒としても繰越済みの通帳は必要不可欠といえます。また、そうしたネット口座やネット証券会社を利用していることを示すハガキや証券会社からの取引報告書、配当金の支払い通知書等も故人が株取引等の投資活動を行っていたことを示す大事な資料となります。

　士業としては、そうした資料を基に証券会社へ故人口座の有無の確認や残高証明の発行請求をかけていきますので、日付が何年も前の古い資料であってもそうした資料を発見した場合は、遺族や担当の士業へと引き渡してください。

② 免許証、保険証、印鑑手帳（カード）、マイナンバーカード、年金手帳、敬老パス等の行政資料

　免許証等の行政資料は、本人の死亡によって使用できなくなるので

遺品整理事業者によってはそのまま処分してしまうこともあるかもしれません。しかし、士業にとってはこれら行政資料も仕事を遂行するうえで大事な資料となります。こうした行政資料は、先の預貯金口座のように直接故人の財産目録に記載されるような財産とはなりませんが、遠方に住んでいる遺族等からこうした行政資料に関する返納手続等も遺産整理の一環として受任しているケースがあります。

　特に死亡してから14日以内に行わないといけないとされる、国民健康保険・介護保険の資格喪失手続では窓口で資格喪失の手続きを行う際に被保険者証等を一緒に返納することになりますので、既に見つかっているような場合は速やかに遺族や担当士業へと引き渡す必要があります。また、既に期間が経過した後の遺品整理であっても遺品整理時にそうした資料が見つかった場合は、資格喪失手続を終えた後であっても、発見した後に自治体へと返納する手続きを行うため貴重品として取り扱う必要がある物となります。

　同じように免許証等も警察署等へ返納することになりますが、免許証に関しては返納の義務はありませんので返納するかどうかは遺族や担当士業の判断によるところとなります。また、年金手帳等については、遺族が未支給年金や遺族年金を受給できるケースでしたら社労士等が遺族に代わって手続きを行う際に必要としますので、遺品整理で発見した場合には必ず残しておく必要があります。ですから、年金手帳や年金定期便のような故人の年金番号がわかる資料を遺品整理の見積もりの際など早い段階で見つけた場合はすぐに遺族や担当士業へ引き継いでください。

　一方、特に孤立死のようなケースで故人が発見された場合、時期によっては警察のDNA鑑定に数か月掛かることもあり、そのDNAの鑑定を待っている間は本人の死亡を確定させることができないため、死亡届を出すこともできません。そのため、故人が年金受給者だった場合は、実際には本人が死亡しているにもかかわらず、年金事務所には故人の死亡が通知されないため、これまでどおり年金が故人の口座

に振り込まれてしまうことになります。

　年金の過払いについては後から遺族が過払い分の年金について清算を求められることになりますので、なるべく早い段階で年金事務所へ故人が死亡したことを通知して、これ以上の過払い年金が発生しないようにしておく必要があります。過払い金が発生していた場合でも過払い分の年金については故人の口座に存在するので、最終的にはそこから返金することは可能かもしれませんが、金融機関に故人の死亡を通知した後は故人の口座は凍結されますので、遺族が自由に引き出すことはできなくなります。また、故人の口座から過払い年金相当額を引き出すには金融機関へ正規の相続手続を行う必要があり、相続人間で相続トラブルなどが発生しているとすぐには遺産分割協議もまとまらないため、過払い年金の返却に支障をきたすことも出てきます。

　行政手続に必要な資料は、現金や貴金属などの直接財産的価値のある物ではないため、遺品整理事業者としてはそれほど注意を払っていないかもしれませんが、遺族や遺産整理を担当する士業にとっては重要な手続き資料となるため、こうした資料を丁寧に集めてくれると士業としては非常に助かることとなります。

③　高価な家電・貴金属・ブランド品・骨董品等の遺品整理事業者の買取対象となるもの

　士業が遺産整理を担当している際の遺品整理のケースでは遺品整理の現場に高価な家財や貴金属が多数保管されていることがあります。遺品整理事業者としては当然そうした家財や買取対象となる貴金属等の買取りを行って再販での売上アップにつなげていきたいところですが、遺品整理ではなく遺産整理で考えた場合はそうした買取り対象となる家財類も財産目録に記載されるべき故人の財産の一部となります。

　遺産整理を担当する士業は、相続手続等については専門的知識を有していますが遺品整理のなかから出てくるそうした買取対象となる家

財や貴金属についてまで専門的な知識や買取相場を把握しているわけではありません。そうした士業に不足している知識面で適格に助言してくれる遺品整理事業者は、士業にとって頼もしい存在でもあります。相続人となる遺族がひとりの場合はそれほど問題にはなりませんが、相続人が複数人いるケースでは誰がそれを相続し、またはどこの事業者にいくらで買取りを依頼するのかといったことを相続人間で話し合ったうえで決める必要が出てきます。そうした話し合いを行うためには、遺品のなかの何が市場価値を有しており、また市場価格としての適正価格がいくらくらいなのかがわからなければ話し合いようがありません。

　士業は、複数の事業者に相見積もりを取って買取査定を行うこともできますが、通常はそうした作業は時間と手間も掛かることになりますし、何より信頼できる遺品整理事業者が出した買取価格について相続人が了承すれば敢えて別の事業者に買取り依頼をする必要はそもそもなく、そのまま遺品整理を担当してくれた事業者へ買取依頼をすることができれば士業にとっても手間なく迅速に遺産整理を進めることができるようになります。ですので、遺品整理現場に買取りの対象となる家財類がある場合は、何が市場価値を有している家財であり、その家財類がどの程度の資産的価値を有しているのかを具体的な金額で示してもらえると士業としては大変助かります。

　反対に、骨董品や絵画のように専門的な知識がないと正確な査定ができない品が遺品のなかにあるケースでは、遺品整理事業者によっては自分達の買取対象の範囲から外れていることからそのまま処分に回してしまうといったことがあります。そうした行為は故人の資産状況を不明確にさせるだけでなく遺産整理を担当した士業も監督責任を問われかねないことになりますので、士業からのリピート依頼を受けたい場合は絶対に避ける行為といえるでしょう。

　遺品整理事業者によって得意とする分野が違うのは当然のことですので、仮に買取査定が苦手な遺品整理事業者が士業からの依頼を受注

したような場合は、買取査定を得意とする事業者等と協力して士業が納得する査定を出せる体制を構築しておけば問題なく対処できることになります。

いまいちど、買取対象の遺品は故人の財産を形成する一部であり、相続財産であるという認識を持ってもらい、依頼内容に合わせた買取行為や査定価格を提案できる体制を整えておくことで士業にとっても再度依頼したくなる遺品整理事業者となるでしょう。

④　光熱費の明細書、各種契約書類（賃貸借契約書・回線契約・サブスク契約に関する資料など）

光熱費の明細書等には、故人が利用していた際の「お客様番号」などが書かれているので、契約を解除する際にそうした資料があると契約内容の確認がスムーズにいくため、最新の物だけでも残しておいてもらえると契約の解除まで任された士業としては助かります。また、その他の契約関係を示す契約書類、例えば遺品整理の現場で発見する物としては賃貸物件とは別の場所に借りている駐車場やレンタル倉庫の契約書等は故人の住居である賃貸物件の不動産会社とは異なっていることも多く、こうした契約書類を誤って処分してしまうと契約に気付くのが遅れて未払い賃料の発生等、後々大きなトラブルとなってしまうことになります。

遺品整理の依頼を受ける際に遺族等から鍵の束一式を預かることもあるかと思いますが、部屋や自動車、自転車の鍵などとは異なる鍵が一緒になっているようであれば、外部にレンタル倉庫などを借りているかもしれないと考えて、契約書類等にも注意を払ってください。

その他、故人が女性の場合ですと、化粧品のパンフレットやサンプル品等が室内に大量に残されていることもよくあります。そうした場合は、化粧品会社となにかしらのサブスク契約を結んでいることも考えられますので、遺族や担当士業にも一言伝えてあげると親切でしょう。

●室内から発見した契約書を基にレンタル会社へ連絡したところ実際に故人が利用中だったコンテナ倉庫

Column ....

死亡してから1か月後に届くAmazonの商品

　実際にサブスク契約で冷や汗を流したエピソードを一つ紹介したいと思います。

　筆者が死後事務委任契約の受任者となっている人が自宅で亡くなりました。安否確認に応答がなく自宅に訪問した際に様子がおかしかったことからその場で消防と警察に連絡をして遺体を発見したという経緯です。

　自宅で誰にも看取られず、また訪問医などの掛かりつけの医師もいなかったことから一般的な孤立死と同様に警察の現場調査や身元確認が行われることとなり、遺体はいったん警察の嘱託医での死体検案へと回されることになりました。身元確認はDNA鑑定ではなく歯の治療跡からすぐに本人であると確認することができたのですが、警察が親族へ連絡を行うということからすぐにはご遺体の引渡しを受けることがかなわず、実際に故人の遺品整理に着手できたのは遺体発見から1か月程経過した後となりました。

　故人の自宅は一人暮らしとしては家財が多い部屋でしたので、遺品整理に3日間ほど日程を要し最初の2日間で仕分けや梱包、そして財産調査や貴重品捜索を行う予定を組んでいました。1日目は問題もなく終わり、2日目の作業を開始しようと現地へ到着した際にAmazonの箱が玄関前に置かれていることに気づきます。「何これ？　昨日まではこんな物なかったよね」と不思議に思い宛名を確認すると、確かに故人の名前宛てで配送されたものでした。

　当時はコロナ禍ということもあり「置配」指定をしていな

くても、勝手に置配されていることもありましたので、その類なのかとも考えたのですが、問題なのはこの死後事務に伴う遺品整理は警察からの許可待ちであったことから故人が亡くなってから既に1か月程経過しているということです。本人は1か月も前に亡くなっているのになぜAmazonから荷物が届くのかと疑問でしかたありませんでした。再配達かとも思いましたが、伝票を見ると日時指定で発送日は配達の2日前です。別の誰かからの配達物かとも思いましたが、伝票に記載されている購入者名も故人である本人です。

　遺言執行者、死後事務受任者の権限で開梱して内容物を確認してみると、結構いろいろな物が詰め合わされていましたが、中に入っていた多くの物が室内にもたくさん箱買いされている健康食品の類いです。

　そこで筆者は、これはAmazonの定期配送（サブスク）だと気づきました。故人は持病の関係からか健康食品を定期購入されていたようで、それがたまたま遺品整理の日に重なって配送されてきたのだと思われます。死後事務手続を進めるうえでは非常に運がよかったといえるでしょう。なぜなら、本人からはAmazonプライムを利用しているということは聞かされていなかったため、もしこの配達がされていなければ気づくのはだいぶ後になっていたからです。Amazonプライムの利用料金の支払方法にもよるかと思いますが、銀行やAmazonのギフト券などで支払いを都度しているなら会費が支払わなければ自動的に権利は失効するでしょうが、Amazonをよく利用される場合はクレジットカード払いにされている人も多いかと思います。そうすると、クレジットカード払いで会員資格も自動更新としていると、定期購入も設定を解除しなければいつまで経っても無人の家屋へと配達

物が届くこととなってしまいます。

　今回の Amazon プライムに限らず、コロナ禍では在宅で
気軽に映画を楽しめる VOD（ビデオオンデマンド）などは
各家庭に一気に浸透しました。こうした定期で支払いが発生
するサービスは支払方法をクレジットカードで自動更新のよ
うにしておくと、家族には全くその存在がわからない状況の
まま放置され、誰も使用していないのにサービス料だけがど
んどん請求されてしまう事態になりかねません。電子的な
サービスの普及で私たちの生活はより便利で快適になってい
ますが、その反面非常に秘匿性が高く、周りには気づかれに
くい側面も持っていますので、遺品整理の際はサブスクの利
用を示す資料が出てきた場合は遺族や担当士業へと連絡して
もらえると大変助かります。

⑤　督促状や借用書等の負債に関する資料

　遺品整理現場で特に大事な資料は、借金等の負債に関する資料です。預貯金等でどれだけプラスの財産があったとしてもそれを上回る負債があるのでしたらやはり相続放棄等を検討しなければならないため、故人の室内に残されている負債に関する資料は丁寧に確認する必要があります。また、遺品整理の現場で発見される負債の資料としては銀行やカード会社、消費者金融や債権回収会社等からのハガキや封書が届いていることが多く、これらのハガキ類を見つけた場合は必ず保管しておいてください。

　故人が多額の借金を抱えている場合は、消費者金融等からの借入れ以外にも税金や公共料金を滞納しているケースも多くありますので、同じく支払いを促す督促状等が室内にある場合は処分せずに遺族や担当士業へ引き渡してください。また、故人の生活によっては財務局や都道府県へ登録をしている正規の貸金事業者以外のいわゆる闇金事業者からお金を借りているケースもあり、そうしたケースでは茶封筒等に脅し文句とも読める督促内容の記載された手紙が入っていることもありますので、そうした正規の貸金事業者以外からの督促状も処分してはいけません。

　筆者も以前に故人が多額の借金を抱えていると聞いていた案件で現地へ見積もりに向かった際に、何度も蹴りつけられたのか玄関ドアがくの字に折れ曲がっている部屋を見たことがあります。こうしたケースでは、場合によっては見積もりや遺品整理時に取り立てに来た人間と鉢合わせするケースも想定されますので十分な注意が必要です。

　これらの金銭的な負債とは別に、故人が事業の連帯保証人となっているケースもあります。故人が自ら運営していた会社の連帯保証人になっているケースもあれば、他人が行っている事業の連帯保証人になっているケースもあるでしょう。いずれの場合も事業の連帯保証となると大きな借入れの保証をしていることも多く、保証契約の内容を確認したうえで対応を決める必要がありますので、「連帯保証人：○

○○○（故人の名前）＋印」のような記載のある契約書面を見つけた場合は故人の負債調査の大事な資料となります。

　負債に関する資料は、判断が難しい場合も多くあるため、少しでも怪しいと思う資料があれば遺品整理事業者が自己判断するのではなく遺族や担当士業への確認に回してもらうのが賢明な判断といえます。

⑥　登記済証（権利書）・不動産の売買契約書

　遺品整理の現場からは不動産に関する登記済証（権利書）や売買契約書を発見することがあります。古い登記済証の場合は、薄い紙に手書きで書かれており染みや黄ばみでボロボロの状態で発見されることもあります。古すぎてもう必要のない書類にも見えますがもちろん大事な資料なので捨ててはいけません。

　遠方で離れて暮らしていた親族や疎遠な親族が遺品整理を行う場合は故人がどのような財産を有していたのかを詳しく知らないのが普通です。そうした遺族から遺産整理の依頼を受けた士業としてはどんな些細な手がかりでも遺品整理事業者に見つけてもらいたいと考えています。

　故人が不動産を持っていた場合には、毎年届く固定資産税課税明細書にて税金の支払通知が届きますので、こうした税金関係の資料から故人が所有していた不動産の発見につながることもあります。しかし、故人が所有していた不動産が山林や原野等の場合、固定資産税が課されていないこともあり納税通知書も発布されていないといったこともあり得ます。

　ですので、たとえ古い資料であっても遺品整理時にそうした資料を発見して報告をしてもらえると士業としてはその資料を手がかりに故人の財産調査を進めることができるようになるため、遺品整理事業者に期待する役割は非常に大きいともいえます。

　また、分譲マンション等で遺品整理を行っているとクローゼットの中からマンション購入時の契約書や当時のパンフレット等が出てくる

ことがよくあります。第2章でも触れましたが、こうした資料は発見したままの状態で遺族や担当士業へと引き渡すようにしてください。

　不動産購入時の資料は多くの場合、不動産会社が用意したバインダーや封筒等にまとめられて購入時に渡されたままの状態で保管されています。その中には不動産購入に関する契約書や領収書、司法書士等への依頼に関する資料などがそのまま残っており、そうした資料を基に相続した不動産を売却した際の譲渡所得税の有無等を判断したりします。購入契約書や領収証がない場合であっても当時の不動産会社名やチラシ、パンフレット等は不動産の取得費を合理的に導く際の検討資料として使用する可能性がありますので、古いパンフレットだからといって捨ててしまわないようにしてください。

　遺品整理事業者のなかには、せっかく見つけたこれらの資料を登記済証や契約書だけを残して、既に支払った記録としての領収書や単なるパンフレットなどは不要な物として処分してしまっていることがあります。しかし、そうした一見不必要と思う資料であっても士業にとっては相続財産を算定するうえでの大事な資料となることがあることを覚えておいてください。

⑦　遺言書やエンディングノート

　遺言書やエンディングノートは、士業が財産目録を作成するための資料というよりも財産の洗い出しが終わった後に実際に残された遺産をどのように分けていくのかを決めるための資料といえます。遺言書は、封筒に入って保管されている場合や普段は人の目につかない場所に置いてあることも多く、むしろ気づかずに処分してしまわないようにしっかりとした貴重品捜索を行うことが求められます。

　エンディングノートは、近年の終活ブームもあり書店で販売されるようになりました。また、終活関連企業などからイベント等の開催時に無料で配布されることもあり、高齢者がエンディングノートに記入して自宅で保管しているということも多くなりました。エンディング

ノートは、遺言書とは異なり事前に準備していたとしても相続人がその記載された内容に縛られるような法律的な効果はありません。しかし、法律的な効果がないからこそ記載する側としても気楽に書き進めることができるという側面もあり、家族間の仲が良好で相続争いが起きないと思われるケースでは遺言書ではなく、エンディングノートで死後の準備をしている人も増えてきています。

　エンディングノートはその名のとおり、ノート形式のものが多く、故人がエンディングノートを書いている場合でも本棚等に他の書類と一緒に保管されていたりすると非常に発見が難しいものとなります。市販されているエンディングノートでしたら、表紙に「エンディングノート」のような記載がありますので丁寧に貴重品捜索をする遺品整理事業者なら比較的見つけやすいと思いますが、人によってはそうした市販のエンディングノートではなく、普通の大学ノートに遺書と死後の希望を合わせて書いているケースがあったりしますので、ノート類を発見したら一つひとつ中を確認して確認する必要があります。手間や時間が掛かるからこそ依頼する遺族や士業としても大変な部分を外注するわけであり、まさに遺品整理事業者に求められているのがこうした手間と時間が掛かる部分だと考えてください。

　エンディングノートには、相続手続や死後事務手続において相続人を拘束するような法律的効果はありませんが、故人の意思が書面に記されていることで故人が自分の最後にどういった希望を持っていたのかが非常にわかりやすくなっています。相続手続では遺言書がない場合は、相続財産をどういった形で分けるのかといった話し合いである遺産分割協議を行うのですが、遺産分割協議を行う際に故人が生前どういった希望を持っていたのかがわかるとスムーズに進むことがあります。

　例えば、故人の自宅不動産が相続財産であった場合に、遺言書も何もなければ相続人間で誰が相続するのかや売却したうえで売却代金を相続人間で分けるのかといった話し合いが行われることになります。

しかし、エンディングノートに「自宅不動産は先祖から引き継いできた財産だから長男がこれからも守っていってほしい」と記載されていれば、相続人が故人の意思を尊重して長男が自宅不動産を相続する流れとなることも十分考えられます。

　また、エンディングノートには故人から家族へのメッセージが書かれていることも多く、そうしたメッセージがあったことで、相続人間で無駄な相続争いを発生させずに済んだというケースもあります。もちろん、エンディングノートに記載されている故人の希望とは異なる方法での遺産分割協議がなされることもありますが、そうだとしても故人の希望を確認したうえで判断することができるようになりますので、エンディングノートはやはり重要な資料といえるでしょう。

　遺言書やエンディングノートの発見は、封筒やノート類を一つひとつ確認していく作業となりますし、そこまでして確認していった結果何も出てこなかったということも珍しくはありません。むしろ何も出てこないケースのほうが圧倒的に多いくらいですから、作業の煩雑さの割に徒労感にさいなまれることもあるかと思います。しかし、可能性がゼロではない限り遺品整理ではそうした作業は必須ともなりますので、腹を括って故人の最後の意思表示を見つけ出す努力をお願いします。

⑧　PC やスマートフォン、USB メモリーなどの記録媒体

　遺品整理を行う際に悩むのがデジタル遺品と呼ばれる PC やスマホ等の記録媒体をどこまで残しておくのかということです。人によっては、こうした記録媒体を大量に持っていることもあり遺品整理事業者としては扱いに困るところですが、基本は遺族や担当士業に何を残しておくのかを確認しながら作業を進めることです。遺族によっては古い携帯から思い出の写真を取り出したいという人もいるでしょうし、相続担当の士業からの依頼なら PC やスマホに残されたメール等を確認したいといった意向もあるかと思います。古い携帯電話のような場

合は、充電用の電源ケーブル等も残っているようなら一緒に確保しておくとなおよいでしょう。

　自死案件の依頼などでは孤立死と違って家族や知人に向けたメッセージを残すなど、ある程度準備をしてから亡くなっているケースもあり、そうした現場に残されている PC 等には遺書が残されていたりします。実際に筆者が受けた案件でも室内に残されていた PC を起動させたところ Word で作成された「遺書」というファイルがデスクトップに保存されており、すぐに確認できる形で残されていたことがありました。自死案件などの場合は、PC などにパスワードをかけていないなど故人も見つけやすい形でメッセージを残していることもありますので、遺族や担当士業立会いのもとで確認してもらうのも一つの方法です。

　また、遺書以外にも PC に残されたメール履歴から、故人のサブスク契約の履歴や仕事上の付き合いがわかったりと大事な資料となりますので、デジタル遺品の取扱いについては遺族や担当士業と打合せをしてから作業に着手するようにしましょう。

　記録媒体によっては強い衝撃を与えると故障してしまうものもあります。処分予定だったハードディスクなどを後から中身を確認しようとしても、作業中に処分品として雑に扱ったために中身が読み込めないといった不具合が出ることもありますし、USB メモリーなどの小型の記憶媒体は他の処分品と混ざってしまうと見つけられなくなってしまうといったこともあります。

　遺品整理の作業前から PC やスマホにロックがかかっていることがわかっているのなら、パスワードに関するメモなどが残っていないかを確認しながら作業を進める必要があります。故人が高齢者の場合は、自身が忘れないようにと PC 周りの書類にパスワードに関するメモを残していたり、スマホなどを購入した際に店からもらった説明書類などにメモを残していることもよくありますので、パスワードを探す場合は十分注意しながら作業を行ってください。

⑵　遺品の確認は室内にあるうちに行ってもらいたい

　遺品整理の方法は遺品整理事業者によって様々で、自治体の許可を有している事業者のなかには遺品を一旦すべて自社の倉庫等に持ち帰ってから分別作業等を行うところもあります。

　不用品処分の場合でしたら事前に依頼者が貴重品等を取り除いておくでしょうから、室内で分別や梱包作業をされるよりもとにかく一旦室外へ運び出してしまい細かな作業は事務所や倉庫に戻ってから行ってもらったほうが依頼者としても作業時間が短く済み負担は少ないことになります。しかし、遺産整理の依頼を受けた士業の立場としては室外に持ち出されてしまうと故人の財産かどうかの判別が難しくなってしまうため、できる限り貴重品捜索は故人の室内で完結してもらいたいと考えています。

　第3章でも紹介したとおり、一度室外に持ち出されてしまった後に多額の現金等が見つかったとしても遺品の処分方法によっては発見された時点で既に誰のものかわからなくなってしまっていることもあるため、故人の遺産は故人の室内にあるうちにすべて見つけ出し、そのうえで処分する物だけを選別して室外へ搬出してもらえると担当士業としては余計な心配をしなくてよくなります。

　これは遺産整理を担当する士業も注意すべきことですが、故人の遺産整理における財産調査は故人の遺品が室内にあるうちに徹底的に行う必要があり、財産調査の資料として必要な物がある場合は室外に搬出される前にすべて確保しておかなければいけません。担当士業としては一度遺品整理事業者が室外に搬出した遺品については二度と戻ってこないものと考え、搬出する前に室内でできる財産調査はすべて終えておく必要があると心得ておく必要があります。

　遺品整理事業者としても、遺産整理を行っている士業の誰もが遺品整理作業に精通しているわけではないことを意識し、家財等が多く担

当士業が事前に調査できない部分については、遺品整理事業者の経験と技術によって士業に代わり財産調査の一端を担うようにすることで遺産整理を行う士業としては手放せないパートナーとなることができるでしょう。

(3)　増加する死後事務に関する相談

　これからの遺品整理業において注目しておく必要があるのが「死後事務委任契約」に関する需要の増加です。

　138ページのコラム「遺品整理の生前予約と死後事務委任契約」でも書いたとおり、死後事務委任契約とは、簡単に言うなら信頼できる第三者へ自分の死後の手続きをお願いしておくという内容の契約です。遺品整理だけを対象として結ぶ契約ではなく、遺品整理も含めた遺産整理全般を対象として結ぶ契約となります。

　少子高齢社会の日本においては、今後ますますおひとり様のような死後の手続きを行ってくれる人がいない人の死後事務手続について、社会問題となってくるのは間違いありません。現在は病院への入院や高齢者施設への入所の際に身元保証契約と一緒に葬送支援などの名目で結ばれている死後事務委任契約ではありますが、今後おひとり様が増加するにつれて、遺品整理も含めた死後の手続きを行う親族等がいないという問題はより顕在化して社会全体で対策が求められることになります。おひとり様のような死後の手続きを行う親族等がいない人が第三者に自分の死後の手続きを託すとした契約が「死後事務委任契約」であり、相続に密接した手続きでもあることから士業を中心におひとり様問題の解決策の一つとして利用の増加が見込まれています。

　遺品整理事業者は、遺品整理の生前見積もりなどを通してこの問題に接する機会が多い職種でもあり、生前見積もりの際に依頼者がおひとり様であった場合は、生前見積もりの実効性を高めるためにも死後事務委任契約の利用は有効な手段でもあります。

　死後事務委任契約は、依頼者（委任者）が死亡してはじめて、契約

の効果が発効される契約形態であるため、契約から何年、時には何十年も後に契約内容が実現されることになります。したがって、死後事務委任契約の受任者に遺品整理事業者が直接なるのは現実的ではなく、死後事務委任を扱う士業等に契約の主体として活動してもらうことになるでしょう。そうした場合、もし遺品整理事業者が生前見積もり等で訪問した相談者の方がおひとり様問題を抱えているということに気付いたのなら、遺品整理事業者から死後事務委任を扱う士業へと紹介案件を持ち込むことができるようになります。

　そうなれば、士業から遺品整理の依頼をもらう立場から士業へと紹介や依頼を出す立場になることになりますので、遺品整理業者と士業の関係は正に車の両輪ともいえる関係となり、お互いにWin-Winな関係へと発展することが可能となります。

(4)　社会福祉協議会を中心とした死後事務委任契約の広まり

　死後事務委任契約は自分の死後の手続きを依頼することから相続手続に詳しい士業やそれに準ずる団体等が依頼を遂行する受任者となるケースが多くなっています。しかし、受任者になるための資格要件等はありませんので、士業に限らず友人・知人やお寺等が死後事務受任者となることもありますし、近年広がりを見せているのが各地の社会福祉協議会が死後事務受任者となるケースです。

　社会福祉協議会は、全国の市区町村単位で高齢者や障害者の生活支援を行っており高齢者支援の最前線で活動している組織でもあるため、高齢者の死後の手続きなどに関する不安についても相談窓口として日々奮闘をしています。筆者が活動の中心としている名古屋市においても社会福祉協議会が中心となり「なごやかエンディングサポート事業」や「名古屋市あんしんエンディングサポート事業」として、名古屋市在住でおひとり様等の死後の手続きを行ってくれる人がいない人の死後事務の支援を行っています。

社会福祉協議会が死後事務受任者となる場合であっても、社会福祉協議会が遺品整理等の作業をすべて自ら行うわけではありません。社会福祉協議会が死後事務委任契約を結ぶ際には、葬儀事業者や墓石事業者、お寺や遺品整理事業者等といった、依頼者が死後の手続きで望む手続きについて必要な事業者との契約手続の支援を行ったり、事前にそうした事業者から見積もりを取っておくなどしておきます。そうすることで、依頼者が死亡した際に、本人が希望する死後事務を発注することになります。

　死後事務委任契約は契約から何年も後に契約の効果が発効される特殊な契約でもあるため、契約が執行されるまでの間に本人の生活状況や財産状況が変わってしまうことは十分にありえます。そのため、死後事務委任契約では、主に「預託金」のような形で、予め締結した死後事務委任契約の内容を実現するために必要な費用を社会福祉協議会へ預けたりすることが多く、その預託金の額を算定するにあたり遺品整理の見積もりは欠かせません。葬儀や納骨そして遺品整理と各事業者から生前に見積もりを取っておき、死後に必要となる金額の概算を

算出したうえで、その必要金額を「預託金」として社会福祉協議会に預けることになりますので、いざ死後事務の手続きを始めたら本人の財産が残っておらず手続きが執行できないといったことが起こりにくくなります。

　遺品整理事業者としても、死後事務委任契約書内に遺品整理の依頼先として記載されることで生前見積もりが生前契約へと変わることになりますし、遺品整理に掛かる費用も予め預託されていることから費用の支払いについても心配をする必要がなくなります。

　こうした観点から見ると、社会福祉協議会が行っている死後事務委任契約に関する事業は遺品整理業者としても関心を持って見ておく必要があることがわかってもらえるのではないでしょうか。

　現状、名古屋市のエンディングサポート事業のような福祉事業はすべての社会福祉協議会で行われているわけではなく、ごく一部の地域で始まっているといえる状況ではあります。しかし、これからおひとり様問題がより深刻化する状況を考えれば、今後全国各地の社会福祉協議会でこうした福祉事業が拡がっていくことが予想されます。各地の社会福祉協議会としてもこれから死後事務に関する事業を始めようとした際に死後事務に関連する事業者との連携は欠かせないものとなるため、遺品整理事業者の営業エリアでそうした福祉事業が開始されるといったニュースが流れたのなら生前見積もりの営業に行ってみることをお勧めします。

　また、社会福祉協議会は、事業開始直後は情報や資料が不足しておりたくさんの事業者から情報を仕入れたいと考えていますので、一般的な葬儀社への営業訪問などに比べてはるかに歓迎される可能性が高くなります。その後に社会福祉協議会と連携が取れるかどうかは各遺品整理事業者の努力次第となってきますが、高齢者福祉を主眼として柔軟性のある対応を取れる遺品整理事業者でしたら十分可能性はあると考えています。

第5章

実際の遺品整理現場での
参考事例や相談事例

　最後に、遺品整理現場での実際の事例や疑問点について、筆者が受けた相談事例等を参考に解説していきたいと思います。

1 実際の遺品整理現場で起きた事例から学ぶ

(1) 本人が知らないところで行った生前整理が生きる希望を失わせてしまった

　遺品整理業を行っていると生前整理の依頼を受けることもあると思います。筆者が以前経験した遺品整理の依頼に生前整理の教訓が潜んでいますので紹介していきます。

　依頼者は故人の子供で、病院で亡くなった母親の遺品整理の依頼でした。遺族立会いのもと現地確認を行っていた際に部屋の整理がかなり進んでいることに気付きます。おそらく遺品整理事業者を呼ぶ前に家族で必要な物がないかなどの確認を行ったのだろうと考え、何気なく「もう、皆さんで遺品整理を進めていらしたのですか？」と聞くと、遺族の顔が途端に曇り、悲しげな表情で「実は…」と語られたのが生前整理の様子でした。

　依頼者のお母様は高齢になっても一人で何でもこなして問題なく生活していたようですが、ある時体調を悪くして入院することになりました。その際に医師からは年齢からしてもう自宅でのひとり暮らしは難しいだろうという話を聞いており、施設等への入所する方向で話が進められていましたが、家族はいつでも自宅に戻ってこられるようにと整理を行っていたそうです。

　高齢者の死亡事故の多くが家庭内での転倒事故などが占めることから考えれば不要な物を処分して住みやすくするということは間違ってはいないでしょう。ある程度の片付けが終わった頃に体調が回復したお母様が一時退院して自宅に戻られることになったそうです。家族みんな一時退院とはいえ退院を喜び、自宅へお母様を連れてきたそうで

す。しかし、綺麗になった室内の様子を見たお母様の顔は暗いままで、一言ぽつりとこう漏らしたそうです。「もう、私の帰る場所はないんだね…」と。おそらく綺麗に片付けられた室内を見て、もうこの自宅での生活は続けられないのだと感じてしまわれたのではないでしょうか。

　生前整理を行っていると他の家族からはただのごみにしか見えなくても本人にとっては大事な思い出の品だったり、手に馴染んだ家具で他には代えられないという場面によく遭遇します。そうした安心できる場所でもある自宅で長年連れ添ってきたともいえる身の回りの品が失われてしまった室内を見てしまったことで、お母様はガックリとされてしまったのではないでしょうか。

　その後、お母様は亡くなられましたが、家族は自分達が部屋を片付けてしまったせいで母の生きる力を奪ってしまったのではないかと後悔されていました。もちろん、家族としてはお母様のことを想っていつでも帰ってこられるようにと自宅を整理されていたはずです。

　生前整理の依頼は本人からの相談で始まることもありますが、家族からの相談も多くあり「両親の実家が物で溢れており危ないから片付けてほしい」や「家族で整理しようにも本人が首を縦に振らないので見積もりだけでもしてくれないか」などの相談も多くあります。実際に見積もりしたことがきっかけで本人が生前整理に前向きになりその後定期的に家族と片付けを行うようになったということもありました。こうした生前整理は非常に大切な業務ではありますが、あくまで本人の意思の下で行うことが大事だと感じずにはいられない出来事でもありました。

(2)　貸主側（管理会社）指定の遺品整理事業者がいる場合

　遺品整理の依頼者から相見積もりをされるケースは珍しくはありませんが、相見積もりの事業者が貸主側指定の遺品整理事業者という

ケースがあります。特に賃貸物件での自死や孤立死といった事故案件では、遺品整理と室内のリフォームを兼ねた見積書が出されて、その金額があまりにも高いため、依頼者が別の遺品整理事業者にも見積もりを出してもらい貸主側指定の遺品整理業者の見積もり価格が適正なのかどうかの参考にしたいと考えて相見積もりを依頼されることがあります。

事故案件では室内が血液や体液等で汚損されていることから遺品整理後の原状回復の見積もりも併せて管理会社等から提示されることが多く、どこからどこまでが遺品整理の価格で、どこからが原状回復の見積もりなのかが判然としないこともよくあります。こうした事故案件で提示される貸主側からの見積書で注意が必要なのは、見積書に記載されている金額は貸主側が考える遺品整理と原状回復に掛かる金額が載っているということです。

事故案件では事故の状況（自死、孤立死、長期間遺体が放置された孤立死等）によって、遺族が負う負担範囲が異なってきますが、貸主側としてはそうした事情は一切考慮せずにまとめて事故案件としてひとくくりで見積書を作成してくるケースも珍しくはありません。そうした場合の貸主側の見積書では本来、遺族が負わなくてもよい範囲まで含めた原状回復の費用が計上されていたりと貸主側の希望する内容の見積書となっていることがほとんどです。

反対に、遺族側が考える遺品整理や原状回復では当然負担範囲を狭く考えることになり、死因をはじめ入居期間や国土交通省のガイドラインなども参考に遺品整理や原状回復をどこまで行うべきかを考えることになりますので、当然貸主側が考える負担範囲とは大きな差が出ることになります。したがって、遺族側が手配した遺品整理事業者が提示する遺品整理や特殊清掃等の見積もりのほうが価格的には抑えられる傾向にありますが、原状回復までまとめて行ってしまいたい貸主側の意向とはズレてきてしまうので、貸主によっては貸主側指定の遺品整理事業者での作業を強く求めてくるケースもあります。

依頼者としても自分達の意向で動いてくれる遺品整理事業者に依頼したいと思うのは当然なのですが、無理に遺族が手配した遺品整理事業者で作業を行った場合などに貸主側から作業の不備を指摘されて、結局貸主側の事業者で作業のやり直しになってしまったりすると費用を余分に請求されてしまう等の心配が出てきます。

貸主側が手配した遺品整理事業者ならたとえ作業に不備があったとしてもその責任を遺族側が負う必要はないことにはなりますが、その反面遺族側の意向が無視されたり、作業費用が高すぎてしまっては納得できるものではないでしょう。遺品整理事業者としては貸主側と遺族側のトラブルに介入することはできませんが、遺品整理や特殊清掃といった場面で自社施工のほうが絶対的に依頼者にとって良い結果となるという自信がある場面もあるはずです。

そうした場合は、専門の士業等を依頼者に紹介したうえで、合意書等を活用することで当事者間での負担範囲やどちらの遺品整理業者が作業を行うのか、そしてその作業の結果には当事者双方異議を申し立てないなどの取決めを予め行うことで、遺族側が手配した遺品整理事業者の作業に難癖を付けられるといったことを防ぐことが可能となります。心配な場合は、提携先の士業に確認したうえで作業を進めることを遺族へと提案するのも選択肢の一つとなります。

(3) 事故物件ロンダリングは可能か

賃貸物件での事故案件などでは次の入居者に対して不動産会社が当該物件で人が死亡した事実等を告げなければいけない「告知義務」が問題となることがあります。人の死について告知しなければならないとなれば当然次の入居者が決まりづらかったり、場合によっては賃料を減額したうえで入居者を募集しなければならなくなったりと貸主側にとっては空室期間の長期化や賃料収入の減少につながる大きな問題となります。

ひと昔前は、不動産業界では告知義務が発生するのは事故の発生し

た後の最初の入居者だけであり、２人目の入居者に対しては告知は必要ないと考えられていました。そうした考えから、事故が起きた部屋については賃料を他の部屋の半額にしたりするなどしてとりあえず事故後の１人目の入居者を確保して、その１人目の入居者が退去した後は通常どおりの賃料で募集するといった方法が取られていました。

　ただ、そうした「とりあえず１人目の入居者を入れる」という行為が行き過ぎてくると、事故物件ロンダリングを考える人が現れてきます。事故物件ロンダリングとは、事故の発生した部屋の告知義務を短期間で告知が必要のない状況にしようとする行為であり、例えば事故の発生した部屋に不動産会社の社員を３か月間だけ入居者させた後に退去させ、次の一般の入居者に対しては事故後２人目の入居だから告知は不要とする強引な手法です。貸主側としても事故後に貸し出す相手が一般の入居者の場合ですと、通常の半額賃料等の安い賃料で長期間住み続けられる可能性があるため経営的な損失が大きくなってしまう可能性がありますが、事故物件ロンダリングならそうした心配もなく、早期に告知義務も解消されて通常の賃料に戻せるといった利点がありました。

　ただし、こうした強引な手法は当時はまだ告知期間等に対する明確な指針がなかったこともあり、裁判で争ってみなければ告知義務違反となるのかそうでないのかはわからない状況で行われていたかなりグレーな行為でもありました。過去の裁判例では、自殺後の賃貸物件の告知義務に関して、事故後最初の入居者が極短期間で退去したといった特段の事情が生じない限り、新たな居住者である当該賃借人が当該物件で一定期間生活をすること自体により，その前の賃借人が自殺したという心理的な嫌悪感の影響もかなりの程度薄れるものと考えられるとして、告知義務は不要としています。この判例が示している「極短期間」という期間について具体的な日数は記載されていませんが、一般的な賃貸借契約の更新期間である２〜３年間住んだ後の入居者の入替えであれば極短期間には当たらないと考えられており、事故後最

初の入居者が一般的な賃貸借期間を満了して退去した後の次の入居者に対しては家賃も通常どおりに戻して人の死に関する告知をしなくても問題ないとされています（社会的に耳目を集める殺人事件や大事故などがあった場合はその限りではありません）。この考え方からすれば事故物件ロンダリングのような３か月程度の短期間だけ事情を知っている不動産会社の社員等を住まわせて告知義務を免れるといった行為は違法性が問われる可能性が高い行為ともいえるでしょう。

　また、令和３年には国土交通省より「宅地建物取引業者による人の死の告知に関するガイドライン」が発表されました。このガイドラインでは、賃貸物件で事故が発生した場合、どのような事故のときに告知義務が発生するのか、また人の死に関する告知が必要な場合にどの程度の期間告知をしなければいけないのかの指針が記載されています。

　ガイドライン上では人の死を告げなくてもよい場合として以下のように定められています。

① 【賃貸借・売買取引】取引の対象不動産で発生した自然死・日常生活の中での不慮の死（転倒事故、誤嚥など）
　※　事案発覚からの経過期間の定めなし

② 【賃貸借取引】取引の対象不動産・日常生活において通常使用する必要がある集合住宅の共用部分で発生した①以外の死・特殊清掃等が行われた①の死が発生し、事案発生（特殊清掃等が行われた場合は発覚）から概ね３年間が経過した後
　※　②の規定は賃貸借取引についてのみの規定であり、売買取引の場合は期間経過に関わらず告知は必要とされる（下線部分は筆者の追記部分）

③ 【賃貸借・売買取引】取引の対象不動産の隣接住戸・日常生活において通常使用しない集合住宅の共用部分で発生した①以外の死・特殊清掃等が行われた①の死
　※　事案発覚からの経過期間の定めなし

日常生活で起こりうる病死や家庭内での事故死のようなケースでは、基本的に告知は必要ないとしそれ以外の自死や殺人といった人の死に関しては告知が必要としています。また、病死や家庭内の事故死であっても遺体が長期間放置されたことによって遺体が腐乱等して特殊清掃や大規模リフォームが必要となった場合は告知を必要としています。こうした明確な指針が示されたことで事故物件ロンダリングのような強引な手段はもはやできないと考えたほうがよいでしょう。

　上記の国土交通省の「宅地建物取引業者による人の死の告知に関するガイドライン」は、告知義務が必要なケースを特殊清掃や大規模リフォームの作業が必要な状況だったかを目安としている関係上、遺品整理業者としても、その内容に関してはしっかりと認識しておく必要があります。自然死や不慮の事故死のような本来告知が不要なケースであっても、遺品整理事業者のなかには人が死亡した現場の遺品整理をすべて特殊清掃として見積書に記載しているケースもありますが、仮に告知義務をめぐって当事者間で訴訟まで発展してしまった場合に「特殊清掃」の記載のある見積書が証拠資料とされてしまうと、遺品整理事業者は余計なトラブルに巻き込まれることにもなりかねません。

　国土交通省のガイドライン上で「特殊清掃」や「大規模リフォーム」といった言葉がどのような影響を持っているのかを確認したうえで、依頼者や自身の作業に不利益が発生しない形で見積書等の作成を心がけてください。

⑷　相続放棄をする予定だが高価な大型家電や自動車が残されていた場合

　相続放棄をする場合は、賃貸物件の連帯保証人にでもなっていない限りは基本的には遺品整理を行う必要はありません。しかし、長年お世話になった大家さんに対して不義理なことはしたくないと、せめて遺品整理だけは家族で行っておきたいという要望があるのも確かで

す。そうした場合は、故人の財産処分を行ったとして相続放棄ができ
なくなってしまわないように注意が必要なことは既に説明したとおり
ですが、実際の遺品整理現場では必ずしも無価値の物ばかりが残って
いるとは限らず、処分してしまっても問題ないのかを悩むケースが必
ず出てきます。

　例えば、購入から１、２年しか経っていない大型の冷蔵庫やテレビ
などが残っていた場合等はどうでしょうか。室内に残されていた冷蔵
庫やテレビの年式が古ければ市場価値なしとして処分もできますが、
購入したばかりの製品だと頭を悩ませることになります。新しい家電
であっても長期間遺体が放置されたことで死臭や体液、ハエなどの侵
入で汚れてしまっているといった状況なら、とても再販して販売でき
る物ではないとして市場価値をゼロと評価することも可能かもしれま
せん。ただ、そうした事情もない綺麗な状況で室内に大型家電が残さ
れているとなると、簡単には処分には回すことができないことになっ
てしまいます。

　こうした事情は、大型の家電に限らず故人が借りていた駐車場に自
動車が残されていた場合も同様の問題が出てきます。故人の価値ある
遺産が現金や貴金属などの小さな物であった場合は処分せずに遺族の
自宅で保管という方法もとれますが、大型の家電や自動車といった物
はスペースも取ることからなかなか自宅での保管というのも難しく
なってきます。もちろん遺族の自宅が広く、駐車場にも空きがあるの
なら自宅での保管ということも可能かもしれませんが、都心部ではな
かなかそうした対応を取ることはできません。

　次善の策として考えられるのが、大型の家電などをいったんレンタ
ル倉庫などへ移動して保管したり、遺族の自宅のそばに駐車場を借り
て自動車を保管しておくといった対応です。ただ、こうした対応には
どうしてもレンタル倉庫や新たに借りた駐車場の料金が発生すること
になりますから遺族の負担は依然として続くことになってしまいま
す。

相続放棄の手続きと並行して相続財産清算人の選任の申立てを家庭裁判所に行い、その手続きの期間中だけの一時的な対処として行うのなら問題ありませんが、そうした手段を講じずに何年も保管し続けるのは現実的ではありません。

　では、どうすればよいのかというと、こうした状況では相続放棄を手伝ってくれる弁護士や司法書士等の専門家の意見を聞きながら手続きを進めるほかはありません。実際のところ、故人の遺品整理を行ったことによる法定単純承認事由を理由とした相続放棄の無効が争われた事件の裁判例はたくさんあるとはいえない状況です。相続財産清算人の選任等の正規の手続き以外での処理を考えた場合は、専門家としても孤立死の遺品整理現場に残されていた故人の家電等をどのように扱ったらよいのかという明確な判断をするのは難しい状況で、過去の事例などを基に事案に応じて相続放棄に影響が少ないと考えられる方法で対応しているのが現状です。

　したがって、過去の相続放棄案件では弁護士が室内に残された年式の新しい大型の冷蔵庫について、処分してしまうことはできないがレンタル倉庫等で保管するのも費用が発生するとして、冷蔵庫を売却して売却代金を保管するという方法をとったケースがありました。その時の理屈としては、賃貸物件でそのまま保管することはもちろん、レンタル倉庫等で保管する場合であっても費用が発生するため、長期間の利用料の支払いで故人の財産がこれ以上減るよりは市場価値が残っているうちに売却して現金で保管したほうが故人の財産を保存することにつながるというものでした。

　また、自動車に関しても遺産分割協議書を作成して自動車の所有者を相続人名義に変更してしまうと相続を承認したことになってしまうため、故人名義のままで処分できる永久抹消の手続きを勧めるケースもあります。しかし、自動車の永久抹消の手続きは自動車の解体が前提の手続きでもありますので、価値のある自動車を解体処分してしまうことには変わらず、いくら故人名義のまま車を処分したとはいえ、

実際に手続きをした遺族の相続放棄に影響がないと言い切れるのかというと疑問が残ります。ただ、実際のところ相続放棄をした遺族に対して遺品整理を行ったことを理由に債権者のうちどれだけが相続放棄の無効を主張するのかを考えるとこうした方法も選択肢の一つとはなりえます。

　例えば、故人が消費者金融に借金をしていた事案で遺族が相続放棄をしつつ遺品整理も行ったとします。遺族が室内に残されていた督促状などから消費者金融へ連絡して、本人が死亡したことと遺族は全員相続放棄をすることを伝えた場合、多くの消費者金融の対応としては遺族に対して「相続放棄申述受理通知書」または「相続放棄申述受理証明書」を送ってくださいと言ってきます。

　上記の通知書または証明書は家庭裁判所へ相続放棄の手続きを行っていれば手に入る書類でもありますので、消費者金融等の債権者はこれらの書類を遺族から送ってもらうことで、遺族が本当に相続放棄をしたということを確認することになります。では、相続放棄をした遺族に対して消費者金融等の債権者が遺品整理をしたことを理由に相続放棄の無効を主張するのかといえば、そうしたケースはほとんどないと考えられます。少なくともこれまで筆者が司法書士と連携して手伝った相続放棄と遺品整理のケースではそうした主張がされたことは一度もありません。

　それも当然で、消費者金融等の企業が一利用者である故人の室内の状況を知っているわけもなく、故人の室内に残されていた家財に価値があるのかどうかなど知る術がないからです。これが個人間の貸し借りであったなら故人の生活状況をよく知っている人が債権者ということも考えられますので、相続放棄無効の主張がされることも想定されますが、そうではない消費者金融等の企業としては、遺族が故人の遺品整理を行ったからといって、それに対して何かアクションを起こそうと思っても起こしようがないわけです。

　相談された士業としては、故人が消費者金融等の企業だけから借金

しているのか、はたまた友人や闇金といったところからも借金をしているのかは判断ができないため、万が一を想定してレンタル倉庫等での保管や換価金などでの保管方法を勧めることになるわけです。いずれにしても、こうした相続放棄案件で大型家電や自動車などの保管に困る財産処分については、故人や遺族の生活状況、債権者の属性などで対応が大きく変わってきますので、提携士業とも連携しながら進めていく必要があるでしょう。

(5) 相続放棄をする予定だが葬儀は行ってもよいのか？

　遺品整理と相続に関する相談で意外と多いのが相続放棄を予定している親族からの故人の葬儀を行ってもよいのか、という質問です。

　結論から言えば相続放棄を予定している親族が故人の葬儀を行っても問題ありませんし、葬儀をあげたことで相続放棄の手続きに影響が出ることもありません。また、相続放棄をする人が故人の財産処分を行ってしまうと法定単純承認事由に該当して相続したものとみなされるという規定がありますが、故人の葬儀を行うための費用を故人の遺産から支払ったとしても、葬儀費用に関しては相続放棄に影響しないと考えられています（下記裁判例参照）。

大阪高等裁判所　平成14年7月3日決定
　「葬儀は、人生最後の儀式として執り行われるものであり、社会的儀式として必要性が高いものである。そして、その時期を予想することは困難であり、葬儀を執り行うためには、必ず相当額の支出を伴うものである。これらの点からすれば、被相続人に相続財産があるときは、それをもって被相続人の葬儀費用に充当しても社会的見地から不当なものとはいえない。また、相続財産があるにもかかわらず、これを使用することが許されず、相続人らに資力がないため被相続人の葬

儀を執り行うことができないとすれば、むしろ非常識な結果と言わざるをえないものである。

　したがって、相続財産から葬儀費用を支出する行為は、法廷単純承認たる「相続財産の処分」（民法921条1号）には当たらないというべきである。」

　このように過去の裁判例でも故人の相続財産から葬儀費用を支出しても相続財産の処分にはあたらないとしていますが、無制限に認められるわけではなく、故人の生前の生活状況などから見て分不相応な華美な葬儀を行ってしまったりすると社会的儀式として求められる葬儀における相当額を超える出費として相続財産の処分とされる可能性があることにも注意が必要です。また、遺族が立て替えた葬儀費用を故人の預貯金から回収しようとして、金融機関に遺産分割協議書を提出して預貯金の解約払戻し手続き等を行ってしまうと、遺産分割協議書の作成自体が相続を認める行為ですので相続放棄はできなくなりますのでこちらも注意が必要です。

　結論として、相続放棄をする場合であっても遺族が故人の葬儀をあげることに問題はありませんし、葬儀費用を故人が残した遺産から支出することも基本的には問題ありません。ただし、葬儀の規模や故人の財産の支出方法によっては相続放棄に影響があるということは知っておく必要があります。

(6)　遺族が相続放棄をしたら誰が遺品整理を行いその費用を負担するのか？

　遺品整理専門の士業として寄せられる相談で多いのが遺族と賃貸物件の貸主双方からの「遺族が相続放棄をしたらいったい誰が遺品整理やその費用を負担するのか？」という相談です。これは特段事故案件特有の相談というわけではなく疎遠だった親族が突然相続人になってしまったケースなどでも寄せられます。

賃貸物件の借主が亡くなった場合に遺品整理（原状回復）を行う義務を負うのは相続人と連帯保証人となります。最近の賃貸借契約では連帯保証人を付ける契約よりも保証会社を利用するケースが多くなっており、故人の家族は「緊急連絡先」としてのみ記載されていることがほとんどです。

　保証会社を利用する契約の場合、遺族は相続人としての責任しか負いませんので、相続放棄をすることで遺品整理や未払家賃の支払義務などは負わないことになります。では、連帯保証人もおらず遺族も相続放棄をしてしまったような場合はいったい誰が遺品整理を行い、またその費用を負担するのでしょうか。

　遺品整理の費用については、故人や貸主が孤独死保険のような保険に加入していれば入居者に万が一のことがあった際には遺品整理費用や特殊清掃費用、貸主が入る保険の場合なら未払家賃等も限度額はありますが保険金から支払いを受けることができる場合があります。しかし、遺品整理を誰が行うのかという部分はかなり面倒な話となり、基本的に身寄りのない人が亡くなった場合や相続人がいても全員相続放棄してしまったような場合であっても、自治体等が遺品整理を行ってくれるわけではありません。これは生活保護を受けていたような生前は自治体の保護下にあった人の場合も同様で、未払家賃等の支払いはされますが、遺品整理のような残置物の処分行為までは自治体では行ってはくれないのが現状です。

　では、賃貸物件の貸主が室内の残置物を処分してもよいのかというとそれも認められてはいません。連帯保証人もおらず相続人となる遺族もいないのなら貸主が自費で処分費を負担して室内に残された残置物を処分してしまってもよいように感じますが、法律はそれを認めていません。

　そこで、正規の手順を踏むのなら「相続財産清算人」の選任申立てを家庭裁判所へ行うことになります。相続財産清算人は相続人が存在しない場合や相続人が全員相続放棄してしまったような場合に、故人

の財産を清算するために利害関係人の請求によって選任されます。相続財産清算人が選任された後は清算人のもとで相続人の調査や債権者等への公告が行われ、必要に応じて遺品の換価処分等も行われます。しかし、相続財産清算人の選任にあたっては家庭裁判所へ予納金（20～100万程度）を納める必要があり、この予納金は選任請求をした人が納めなければいけません。

　したがって、賃貸物件に残置された家財を処分するために貸主が相続財産清算人の選任請求を行うとする場合は、貸主がその予納金を負担しなければならなくなります。故人に予納金以上の遺産があったのなら貸主が納めた予納金は後日戻ってくることになりますが、故人の遺産が皆無のような状況の場合では予納金の負担は丸ごと貸主が負うことになってしまうため、相続人が全員相続放棄をしているような故人に目立った財産がないと思われる状況では利用しづらい制度となります。また、仮に相続財産清算人が選任されたとしてもすべての手続きが完了するまでに半年以上の期間が掛かることから、その間新たな入居者を募集できないとなると貸主としては賃料収入も入らないことになり、貸主の負担はより大きなものとなってしまいます。

　これらの事情から、実際の遺品整理の現場では相続財産清算人の選任請求という方法を選択する貸主は少なく、相続人や連帯保証人が誰もいないといった状況は少なくありません。そのような場合に取られる手段としては、主に次の2つとなります。

①　相続放棄をした相続人に残置物処分の同意書に署名捺印してもらう

　誰も遺品整理を行う人がいないような場合、貸主としては自費で処分費を支払ってでも次の入居者へ貸し出せる状況へ早く戻したいと考えていますので、相続財産清算人の選任請求のような迂遠な方法は取れません。このような状況での一番簡単な方法としては相続放棄をした相続人に室内に残された残置物に関して貸主側で処分することに同

意してもらうということです。相続放棄をした相続人に残置物撤去に関して同意する権限はありません。しかし、相続放棄をした人が故人の財産処分をした場合は相続したものとみなされる法定単純承認事由がありますので、相続放棄をした相続人であっても残置物の撤去に関する同意書等へ署名捺印することは可能です。

　問題は、相続放棄をした相続人が残置物撤去に同意したことが相続財産の処分となるのか、そしてそれが原因で相続放棄ができなくなるのかどうかという部分です。しかし、これらの問題は相続放棄をした相続人が負うリスクであって貸主側には何ら不利益がなく、また貸主としては相続人から同意をもらったという大義名分のもと残置物を処分することが可能となりますので、遺品整理の費用等は自費で払う必要はあるかもしれませんが相続財産清算人の選任といった迂遠な方法をとらずに遺品整理を実行することが可能となります。ただ、こうした方法は当然相続放棄を考えている相続人にとっては大きな影響を及ぼし、残置物撤去に関する同意書等へ署名捺印は行ってはいけないなどの注意喚起は各種専門家のサイト等でも紹介されていますので、同意書への署名捺印を断られることも多くあります。

②　貸主がリスクを承知のうえで遺品整理を行う

　相続財産清算人の選任請求も行わず、相続人からの残置物処分に関する同意書ももらえないといった場合に最終的に貸主が取る方法としては、違法性を問われることを承知のうえで遺品整理を強行する方法です。相続人がいない場合は、相続財産清算人を選任したうえで手続きを進めるという正規の方法がある以上、いくら相続人がいなかったり、相続人が全員相続放棄したからといって、貸主が勝手に遺品を処分してよいわけではありません。

　しかし、実務上はそうした相続財産清算人の選任は煩雑な手続きと費用および期間の問題からほとんど行われておらず、また、相続人が全員相続放棄をする現場にあっては残置物に関して権利を主張する相

続人はいないことから貸主が遺品整理を強行してしまっているケースが多くあります。ただし、権利を主張する相続人がいない場合であっても故人に対してお金を貸しているなどの債権を持っている人がいる場合では、室内に残っていた換金可能な物から債権の一部でも回収したいと考えている債権者もいますので、そうした債権者等から違法性を問われる可能性は残ります。実際の遺品整理の現場ではこうしたリスクがあることを承知のうえで貸主において遺品整理を実施しているケースが多数あります。

　単身高齢者が亡くなった際に残置物が室内に残されてしまうことを心配して高齢者に対して賃貸人が部屋を貸すことを躊躇する問題が発生しています。こうした問題に対処するべく、国土交通省および法務省では、「残置物の処理等に関するモデル契約条項」を公開しています。

　その内容は、賃貸借契約の締結にあたり、賃借人と受任者との間で、①賃貸借契約の解除と②残置物の処理に関する死後事務委任契約を締結しておくことで、賃借人の死亡時に契約関係および残置物を円滑に処理することができるようにするというものです。残置物の処理等に関するモデル契約条項は令和3年に策定されたばかりのため、運用実績についてはこれからの積み重ねが待たれることになりますが、上手に活用することができれば貸主が相続財産清算人の選任のために高額な予納金を納める必要やリスクを負ってまで強引に遺品整理を行う必要がなくなります。

(7)　相続人が相続放棄しているかどうかは貸主でも確認できる

　遺品整理を行ってくれる人が誰もいないという相談には注意が必要です。なぜなら、相続人が相続放棄をしたと主張している場合でも、実際には放棄していなかったり、他に相続人がいたりする場合があるからです。先に説明したとおり相続放棄は相続発生から3か月以内に家庭裁判所へ相続放棄の申述を行わなければなりません。

しかし、相続人のなかには「相続放棄します」と口で言っているだけで実際には家庭裁判所での手続きをしていないケースも多くあります。また、「遺産を１円ももらっていないのだから自分は相続放棄をしている」と勘違いしている人もいたりします。口で言っているだけで実は相続放棄の手続きはしていなかったという相続人は相続放棄ができる３か月の期間が経過した後は故人の権利義務を承継した相続人となりますので、貸主は遺品整理や原状回復を通常どおり請求できることになります。

　相続人が相続放棄の手続きをしているかどうかは利害関係人なら家庭裁判所に照会して確認することが可能ですし、必要書類の収集や家庭裁判所への照会手続きが難しいと感じる場合は、相続放棄を扱っている弁護士等へ相談すれば手続きの支援を行ってもらえます。

⑻　相続人の調査は貸主でもできる

　故人に相続人が複数いるケースでは、一部の相続人が相続放棄をしていたとしても他の相続人は相続放棄をしていなかったというケースもあります。故人と親族の関係が疎遠だったような場合では、相続人同士も疎遠な関係ということもあり、例えば、故人の子どもが相続放棄をしていたとしても故人の兄妹は相続放棄をしていないということもあり得ます。

　相続放棄の規定上、相続放棄をするなら自分が相続人となったことを知ってから３か月以内に相続放棄の手続きを取る必要がありますが、親族間の関係が希薄な場合は故人の子どもが相続放棄をしたという事実を故人の兄妹（おじ・おば）に知らせていないということもよくあります。

　故人の兄妹は自分達が相続人になったことを知らない限りは３か月の熟慮期間も進行しませんので、貸主側から問合せをした際に自分達が相続人であること気づいて相続放棄の手続きを始めるケースもありますが、故人の兄妹によっては遺品整理に関して同意してくれたり、

場合によっては故人の子供達に代わって遺品整理を行ってくれるケースもありますので、先に説明したようなリスクのある方法をとる前に相続人の調査を貸主で行ってみるのも一つの方法といえるでしょう。

　相続人の調査は基本的に役場から戸籍を取り寄せて行っていきますが、戸籍は個人情報の塊でもありますので家族でもない第三者に対しては基本的には出してはくれません。しかし、正当な事由を持つ利害関係人の場合は、第三者であっても戸籍の請求は可能であるため、賃貸物件の貸主が故人の相続人を探すという場合でも戸籍の請求は可能です。ただし、役場の窓口で事情を説明しただけでは対応はしてもらえませんので、貸主として正当な事由があることを証明できるだけの賃貸借契約書等の資料を準備してから役場の窓口へ行くようにしてください。個人では難しいと感じた場合は、相続や不動産問題を専門に扱う士業に相談することで手続きの支援を受けることが可能です。

(9)　遺体の引取りすらしたくないという相談

　少し特殊な相談事例として、遺品整理と相続放棄の関係で「警察から疎遠な親族の遺体の引取りをするように言われたが、遺体の引取りはしなくてはならないのか？」という相談があります。どういった事情でこうした相談になるのかというと、故人が孤立死などで発見された場合には、警察等で親族調査を行い連絡がつく親族に遺体の引取り等を依頼するため、場合によっては疎遠な親族に連絡が入ることがあるためです。

　ある日突然警察等から連絡が入り遺体の引取りや賃貸物件の貸主への連絡をするように言われても連絡を受けた親族としても何が何やらとなってしまうことでしょうし、それが何十年も会っていない疎遠な親族のようなケースならなおさらです。警察から連絡を受けた段階ではあまりにも突然すぎて「わ、わかりました」と答えてしまっていたとしても、後から落ち着いて考えてみると「なんで私が?!」となるわけです。

警察も必ずしも相続順位に従って順番に連絡をしてくるわけではありませんので、本来なら相続人となるべき人がいるのに、連絡が付きやすい親族へ最初に連絡がいってしまうということもあります。警察としては、親族に連絡したのだから後のことは親族間の話し合いで決めてくれればよいというスタンスでこうした事案では警察から最初に連絡を受けた人が一番割を食う結果になってしまうわけです。

　では、こうした警察等からの連絡について「遺体の引取りやその後の手続きはしたくないです！」と言えるのでしょうか。基本的に遺体の引取りは拒否することが可能です。

　相談内容として多いのが、「故人には一切関わり合いたくない」や「遺体を引き取って葬儀をあげたら相続したことになるのか？」、「葬儀をあげたらその後の遺品整理なども行わなければいけなくなるのか？」といったものですが、遺体の引取りや葬儀をあげたかどうかは相続とは別問題のため、遺体の引取りを拒否してもよいですし、葬儀だけはあげるけどそれ以外の手続きには関与しないという選択もできます。親族だからといって必ずしも遺体を引き取らなければいけない義務はありませんので警察や役場等からの問合せに対して遺体の引取りやその後の手続きについては一切関わりたくないと伝えることは問題ありません。

　最終的に、親族全員から引取りを拒否された遺体は「行旅死亡人」として自治体で火葬され地域の合祀墓等へ埋葬されることになります。ただし、先に書いたとおり遺体の引取りや葬儀等と相続手続は別問題のため、故人の親族関係や相続手続については確認しておく必要があります。警察等から連絡が入るということは故人との関係が近いから連絡が入っていることが多く、場合によっては相続人になっていることも考えられますし、連絡をもらった時点では相続人ではなかったとしても将来的に先順位の相続人が相続放棄をしたことによって、自らが相続人となる可能性もあります。

　警察等から連絡が入るケースでは孤立死のような状態で発見されて

いるケースが多く、故人が負債を抱えていたり、賃貸物件での原状回復費などが問題となっていることもあります。遺体の引取りを拒否しただけでは相続放棄をしたことにはなりませんので、もしそうした状況で連絡を受けた親族が相続人としてトラブルに巻き込まれることが予想されるようでしたら手続きを面倒くさがらずに相続放棄をしておかなければいけないことになります。もし、遺品整理や特殊清掃の相談の際にこうした相談を受けたのでしたら、遺体の引取りの拒否とは別に相続放棄についても専門家に相談するようにアドバイスするようにしてください。

⑽　相続放棄と生命保険

　遺品整理や特殊清掃を行っていると室内から保険証券等を見つけることがあると思われますが、生命保険など故人が死亡することによって受取りが可能な保険金等は相続放棄をしてしまうと受け取れなくなってしまうのでしょうか。遺品整理や特殊清掃の現場での事例について説明してみましょう。

　個人事業主だったＡさん（45歳）が賃貸物件で死亡したとします。Ａさんはネットでの投資活動をする投資家であり基本的にひとりで仕事をしていたため、Ａさんの遺体は死亡からかなりの長期間放置された後で発見されることになりました。Ａさんの遺体は夏場の死亡ということでかなり腐敗が進んでおり近隣住人が異臭に気付いて警察へ連絡したことが発見のきっかけとなります。

　遺体発見時に警察は、Ａさんの住居から預貯金の通帳や財布、携帯、その他の重要と思われる書類をいくつか回収していました。親族が警察から返却された貴重品類を確認したところ、Ａさんの資産は、預貯金約10万円、キャッシング（借金）300万円、生命保険500万（父親（Ｂ）を受取人に指定）に加入していたことが判明しました。

　まだ遺品整理を行っていないことから、室内にはこれ以外のプラスの財産や反対に借金等のマイナスの財産を示す資料が見つかる可能性

もあります。Aさんは賃貸物件で亡くなったこともあり遺族は大家からは原状回復費用として200万を請求されている状況です。Aさんはひとりっ子で婚姻歴もなく、母は他界しており、相続人は父親のBしかいません。また、Aさんが利用していた賃貸物件の入居契約の際は家賃の保証会社を利用していたため、親族に連帯保証人はおらず父親が緊急連絡先として登録されているだけでした。遺体発見時に警察から父親であるBへと連絡が入り今後の対応を検討している段階で遺品整理や特殊清掃を行う会社へ見積もり依頼が入ったというのが今回の事案です。

　では、こうした状況下で父親であるBが取れる手段にはどういったものがあるのでしょうか。

①　相続をしたうえで手続きを進める

　最もシンプルなのが父親であるBがAの財産をそのまま相続をして預貯金等のプラスの財産を引き継いだうえで、借金等のマイナスの財産を支払っていく方法です。この場合は特段の法的な手続きは必要とはしないため、Bが特別な行動を起こさない限りはこの流れになり、BはAから相続したプラスの財産よりもマイナスの財産が多い場合は、Bの財産から不足分を支払っていくことになります。

②　相続放棄をして一切何もしない

　今回のケースでは父親であるBは賃貸物件の連帯保証人にはなっていないため、相続放棄をすることでAの権利義務を一切放棄してしまうことも可能です。Aの預貯金等のプラスの財産が借金や原状回復費などのマイナスの財産と比べて少ないような場合、またはプラスの財産が多少上回っていたとしても、その後に発生する遺品整理や大家との交渉などの手間暇を考えるなら相続放棄をしてしまって一切関与しないほうが遺族としては負担が少ないと考えた場合は、こうした手段を取ることも考えられます。

③　相続放棄をしたうえで遺品整理だけは行う

　遺族のなかには長年お世話になった大家にはできる限り迷惑をかけずに終えたいとの考えから、相続放棄はするけれども遺品整理だけは行っておきたいと考える遺族も大勢います。

　もし今回のケースで父親であるBがそう考える場合は、相続放棄をすることで借金（キャッシング300万）などの支払いはする必要がなくなり、遺品整理だけを行って部屋の明渡しをするという方法をとることもできます。

　原状回復費用の支払いについても相続放棄をすれば本来遺品整理すらする必要もないことになりますので、原状回復費用については大家との話し合いで負担割合を決めることになるでしょう。

　特殊清掃等の作業が必要とされるこうした案件では主に①〜③のような手段が取られることが多くありますが、一つ気になるのが500万の生命保険です。Aが掛けていた生命保険金500万が支払われるのなら相続人かつ保険の受取人であるBが取れる選択肢が広がることになります。

　今回のケースでは預貯金と生命保険金を合わせればギリギリ借金や原状回復費の支払いには耐えられそうなため、Bは保険金が入ることも考慮してその後の手続きを進めていくと考えられます。また、遺品整理を進めていくなかで新たな借金が判明すればその時点で相続放棄に舵を切ることも十分考えられます。ここで注意してもらいたいのが、生命保険金は相続財産なのかどうかということです。

　一般的に生命保険金は事例のような2親等以内の親族が受取人に指定されていることが多く、こうした本人以外が保険金の受取人として指定されている場合は、保険金は受取人固有の財産とされ相続財産とは別物として扱われることになります。

　今回の事例でいえば、Aが父親Bを受取人として指定して掛けていた保険は、Aが死亡したことによって保険金がBに支払われることに

なりますが、その保険金は保険契約に基づいて支払いがされる金銭であって、Aがもともと持っていた相続の対象となる相続財産ではないということです。ですので、Bは相続放棄をしたとしても生命保険金を受け取ることが可能であり、受け取った保険金を借金や原状回復費用に充てることもできますし、極端な話、相続放棄をしたうえで原状回復や借金等の支払いは一切しないけれど保険金だけは受け取るといったこともできることになります。

　遺品整理や特殊清掃の相談をされる遺族の多くが相続放棄をすると保険金も受け取れなくなると思われています。保険金の金額によっては遺族が取れる手段が大きく変わることもあるため、相談時に生命保険に加入していたかどうかを確認したり、遺品整理時に室内から保険証券が出てきた場合などは相続放棄の有無に関わらず必ず保険会社へ問合せをするように伝えてください。

　生命保険以外にも、遺族年金や未支給年金、葬祭費や埋葬料、香典等、相続放棄をしていたとしても受け取れる金銭は多くあります。相続放棄を検討している遺品整理相談者のなかには自分達で相続放棄の手続きを進めている人も多くいますが、専門家に相談することで手続き以外の遺族が見落としている部分に気づくこともありますので、相続放棄を検討している遺族には専門家への相談を勧めてください。

Column ‥‥‥‥‥‥‥‥‥‥‥‥‥‥‥‥‥‥‥

生命保険への加入状況は調査できる

　故人が生命保険に加入していたかどうかを確認するには「遺品整理時に保険証券を見つける」「遺品整理時に保険会社からの郵便物が届いてないかを確認する」「故人の金融機関の口座から保険金の引き落としがされていないかを確認する」等の方法によって行うことになります。しかし、必ずしも保険証券等が見つかるとは限らず室内の状況によっては手がかりが何も見つからないということもあるかもしれません。

　そうした場合に、故人の生命保険の加入状況を一度の問い合わせで確認できる「生命保険契約照会制度」が令和3年から始まっています。生命保険契約照会制度は、家族に代わって生命保険協会が加盟する各保険会社に対して一括して申し出のあった故人の生命保険契約の有無を確認してくれる制度です。比較的新しい制度でもありますので、まだまだ認知度は低く、知らない人も多いかと思われます。

　この制度を利用することで保険証券等の手がかりがない場合であっても、生命保険協会が一括して故人の保険契約の有無の照会を行い契約の有無の結果を報告してくれますので、家族が各保険会社へ1社ずつ保険契約の有無を確認する必要がなくなります。この制度を利用するには、照会者の本人確認書類や相続関係を証明する戸籍関係等が必要となりますので、相続手続や相続放棄等で士業に依頼をしている場合は併せて生命保険の加入状況の調査も依頼してみてもよいでしょう。

生命保険契約照会制度で判明するのは、故人の生命保険への加入状況の有無であり、故人が生命保険に加入していたことが判明した場合は、契約先の生命保険会社への保険請求手続が必要となります（生命保険協会が照会と併せて保険請求手続まで行ってくれるわけではありません）。

　遺品整理の際は、「生命保険の証書が見つからないので保険証券を見つけてください」と依頼されることも多く、遺品整理事業者としてはなんとしても見つけなければとプレッシャーに感じることもありますが、仮に遺品整理時に発見できなかった場合であっても保険契約の加入状況は調査できると知っていれば安心できますよね。

　詳しい制度の内容は一般社団法人生命保険協会の「生命保険契約照会制度のご案内」をご確認ください（https://www.seiho.or.jp/contact/inquiry/）。

⑾ 故人の実印は相続手続では必要ない

　遺品整理の見積もりをする際には依頼者に「何か探している物や見つかっていない物はありませんか？」と確認をします。その際に遺族から「通帳は見つかったけど実印が見つかっていないので探してもらえますか？」といった相談を受けることがあります。遺族から受ける相談の場合では、「実印を探している」と言われることが多いですが、銀行関係の手続きで探している場合は実印ではなく銀行への届出印のつもりで実印と言っていることも多いでしょう。

　もちろん、実印と銀行への届出印を一緒にしている人も多いのですが、「実印」は市区町村に登録した印鑑であり印鑑登録証明書と同じ印鑑のことですので、金融機関で口座を開設する際などに届出る印鑑とは別の物となります。いずれにしても、印鑑を探してほしいと言われれば、遺品整理事業者としては腕の見せ所です。

　しかし、実は故人の実印も銀行への届出印も相続手続では使用することはないため、見つからなかったとしても相続手続には影響がないことは知っておいて損はありません。警察でのDNA鑑定中等の特殊な事例を除けば、遺品整理の依頼を受けた段階で故人の葬儀等は既に終わっており、故人の死亡届は提出されていることがほとんどです。故人が使用していた実印の印鑑登録は死亡届が出されることで自動的に役場にて抹消してしまいますので、遺品整理の依頼を受けている時点で実印の登録は既になくなっており、たとえ遺品整理で市区町村へ登録していた印鑑が見つかったとしてもその印鑑には実印としての効力はなく、ただの「認印」となってしまっていることになります。

　また、銀行への届出印も同様に相続手続で使用することはありません。預貯金の相続手続の際に印鑑登録証明書の提出を求められるため、故人の実印や銀行印が必要になるのではないかと思われがちですが、預貯金の相続手続で必要になるのは「相続人」の印鑑登録証明書であり、故人の印鑑登録証明書や故人の銀行印を使用することはあり

ません。

　ですので、依頼者が相続手続に必要だから実印を探してほしいと強く希望されている場合に実印が見つからなかったらどうしようと、遺品整理事業者としては心配になるかもしれませんが、仮に見つからなかったとしても相続手続には使用しないので心配いりません。実印（銀行印）を探している依頼者にも事前に相続手続で実印（銀行印）は使用しないことをきちんと説明してあげることができれば、たとえ遺品整理で見つけることができなかったとしても不満に思われることもなくなりますので、遺品整理事業者としても安心して作業を進めることができるようになります。

　もちろん、故人が使用していた印鑑を形見として残しておきたい人や故人が使用していた印鑑本体が非常に高価な材質の物で削り直して自身の実印として使用したいと思われる人もいるでしょうから、遺品整理で印鑑が見つかった場合は、いったん依頼者へ貴重品等と一緒にお渡しして、処分するかどうかは依頼者の判断に任せるべきであることは変わりありません。

⑿　遺品整理現場で見つかったお金は誰のもの？

　遺品整理を行っていると故人の自宅から多額の現金を見つけることがあります。発見した金額が数万円程度ならそれほど問題にはならないのでしょうが、遺品整理の現場では数百万単位でお金が見つかることも珍しくはありません。遺品整理事業者は、発見した金銭はそのまま依頼者へと渡すことになりますが、依頼者から「この見つかったお金って私がもらってもよいのでしょうか？」と聞かれることがあったりします。果たして遺品整理の際に見つかったお金は誰のものなのでしょうか。

　遺品整理の際に見つかったお金は簡単に誰のものといえるものではなく、遺品整理の時点までに相続人間でどういったやりとりがあったのかを確認したうえで答える必要があり、遺品整理事業者がその場で

「お客さんが遺品整理を行っているのですから、お客さんがもらえばいいと思いますよ」などと言ってはいけません。

　筆者が遺品整理の専門会社に勤めていた際も多額の現金を見つけることがよくありましたが、ある現場で現金発見の報告を立会いをしていた親族にしたところ「ありがとう、他の奴には内緒な」と言いながら人差し指を口に当てながら他言無用のジェスチャーとともにその方の尻ポケットへと札束が収納されていくのを見ていたことがあります。筆者は、当時は遺品整理事業者のスタッフに過ぎず相続についても詳しく知っているわけではありませんでしたので、あのお金は依頼者が独り占めにするのかな、程度の認識ではありました。

　もちろん、遺品整理事業者は発見したお金を依頼者へ適切に引き渡したのならそれでよく、後は親族間の問題ですので第三者が口を出す必要はありません。また、仮に遺品整理で発見したお金が誰のものになるのかを聞かれたとしても安易に答える必要はなく、相続トラブルに巻き込まれてしまう危険性を考えるなら士業等の専門家に確認するように伝えるのが無難でしょう。しかし、遺品整理で発見した金銭などをどのように考えるのかの概略を知っていることで適切な士業を案内できるようにもなりますので、簡単な内容を説明しておきたいと思います。

①　相続人が１人の場合

　故人の相続人が遺品整理の依頼者だけの場合でしたら、遺品整理で発見した金銭等は、依頼者が相続放棄をしていたり遺言書があったなどの場合を除いて依頼者のものと考えて問題ありません。

②　相続人が複数いて遺産分割協議前の場合

　相続人が複数いる場合は、基本的には相続人全員が遺品整理で発見した金銭等について相続する権利を持っていますので、遺産分割協議を行って誰がその財産を相続するのかを決めることになります。遺産

分割協議というと何か難しい手続きや遺産分割協議書等を作成しなければいけないようにも感じますが、実際のところは家族間の話し合いで決めればそれで問題はありません。遺産分割協議書等は後日の紛争を防ぐ意味で作成している書類となりますので、家族間でトラブルなく話し合いが終わるのでしたら遺産分割協議書等の作成は必須ではありません（預貯金の払戻手続の際に金融機関へ提出するために作成が必要になることはあります）。

③　相続人が複数いて遺産分割協議後の場合

　相続人が複数人存在して相続財産が多岐にわたるような場合は、相続人間で遺産分割協議の内容を遺産分割協議書という書面にまとめることがあります。遺産分割協議書は、相続人間で後々の紛争を防ぐ意味から誰がどの財産をどのように相続するのかといった話し合いの結果を書面に起こしたものであり、預貯金などの解約払戻手続の際に金融機関等へ提出する書面となったりもします。

　遺産分割協議書を作成する場合は、相続発生時の財産を確認したうえで誰がどの財産を取得するのかを決めていくのですが、当然相続人が気づいていない財産、例えば故人の自宅に隠れている現金等があった場合は遺産分割協議書の記載から漏れてしまうことになります。遺産分割協議書に記載されていない財産が遺品整理の現場で見つかった場合は、その財産はいまだ遺産分割の協議がされていない財産であるため、再度相続人間でその財産を誰が相続するのかの話し合いをする必要が出てきます。

　ただし、相続人が複数いる場合にすべての相続人が近くに住んでいるとは限らず、場合によっては海外で生活されているケースもあることから、遺産分割協議をすぐに取りまとめられるとは限りません。ですので、遺産分割協議後に新たに発見された財産については、予め遺産分割協議書の最後に「新たに発見された遺産については○○（相続人）が相続するものとする」や「新たな遺産が発見された場合には、

当該遺産の分割について別途協議をする」などのように、新たに発見された財産の取扱方法について決めていることが多くあります。

したがって、遺産分割協議後の遺品整理の現場で多額の現金等を見つけた場合は、遺産分割協議書にどのように記載されているのかを確認することで、発見した金銭の所有者が判明することになります。

⒀　相続税の申告（修正申告）に注意

遺品整理の現場で発見された財産の額が大きい場合は、相続税の申告について注意が必要です。相続税の場合、基礎控除額が設定されており「3,000万 +（600万円×相続人の数）」が相続税の基礎控除額となります。例えば、相続人の数が3人とするなら、3,000万 +（600万×3人）= 4,800万円が基礎控除額となり、相続財産が基礎控除額を超えない場合は相続税の申告も不要となります。

しかし、遺品整理前は基礎控除額に収まっていたとしても、遺品整理で多額の現金や貴金属などが発見されたりすると、基礎控除額を超えてしまうことがあります。基礎控除額を超えて相続財産が存在する場合は相続税の申告が必要となりますし、遺品整理の時点で既に相続税の申告が終わっていた場合であっても、多額の現金を発見した場合は修正申告が必要となります。

税務署は故人や相続人の預貯金口座にも照会をかけて調査することができる強い調査権限を持っていますので、遺品整理の現場で見つかったお金を相続人の口座に入れていた場合はすぐに把握されることになります。相続税の脱税が判明した場合で悪質と判断されると強烈なペナルティーを負うことにもなりかねませんので、遺品整理現場で多額の金銭等を発見したような場合は、提携の税理士などを紹介してあげて相続税の申告が必要なケースかどうかの判断をしてもらうとよいでしょう。

　本書では、遺品整理業を始めるにあたってどんな準備が必要で、実際の作業ではどのようなことに注意を払えばよいのかを筆者の経験も踏まえて解説してきました。

　遺品整理業を始めるには必須の資格や許可等はなく、誰でもすぐに始められてしまう仕事です。しかし、必須の資格や許可がいらないというのは、裏を返せば業務の適正を監督指導する機関がどこにもないことを意味しています。そのため、遺品整理を行う事業者のなかには遺品整理とは名ばかりの不法投棄や不当請求、不誠実な作業実態で遺品整理業界全体の評価を貶めている事業者が多数存在するのも事実です。

　また、遺品整理業は、資格や許可が不要な業務とはいえ、実際に遺品整理を進めていくには相続をはじめとした専門的な知識や実際の現場でトラブルなく遺品整理を行うための高いスキルが必要とされることに気づいていただけたかと思います。

　そして、遺品整理の作業は不用品処分とは異なり故人の部屋を空っぽにすればおしまいという単純な作業ではありません。遺品整理は、自治体の許可を有した一般廃棄物事業者をはじめとして、電気やガス工事を行う有資格者、家財や自動車等を扱う古物事業者、遺品の供養を担当するお寺や相続の相談先としての各種士業等と密接に連携してはじめて遺族の希望に沿ったかたちで進めることができるようになります。

　そうした意味でも遺品整理に携わる人は遺品整理から派生する問題を各種の専門家へと的確に振り分けていく能力も求められることになります。遺品整理は多数の専門事業者と連携して行う必要性があることから、遺品整理に関連する類似の業種からも頻繁に遺品整理業界への参入がなされています。特に不用品回収事業者や便利屋、リサイク

ルショップ等は遺品整理と類似または関連の強い業種ということもあり本業とは別に遺品整理も手掛けている事業者は珍しくありません。

こうした遺品整理業以外からの参入事業者は本業の特色を色濃く受けることになりますので、遺品整理作業においても本業の強みが発揮されることになり遺族のニーズとマッチすることで質の高い遺品整理サービスを提供することが可能となります。ひと昔前のように遺品整理を専門に行う事業者が数社しかなかった頃は、遺族等は限られた選択肢のなかから遺品整理事業者を選ぶしかありませんでしたので、「遺品整理専門」という看板でも十分な依頼がありました。

しかし、今は遺品整理を専門に行う事業者以外にも遺品整理に関連した作業を行う事業者が多数存在し、遺品整理業界は買い手市場ともいえる状況です。遺品整理事業者の供給が過剰ともいえる状況ではどうしても価格競争となってしまいがちではありますが、価格を抑えるあまりに遺品整理の質を落としてしまっては本末転倒といえます。

これから遺品整理業を始めようとしている人や既に遺品整理業を長年にわたって行ってきている事業者も価格競争以外の自社の特色や強みを生かした遺品整理を行っていただきたいと思います。遺族等の依頼者はどうしても遺品整理に掛かる費用の高い安いだけで遺品整理事業者を決めてしまいがちではありますが、それに負けない自社の特色や強みを伸ばしてもらい、依頼者に「あなたのところに頼んで本当によかった」と思ってもらえる遺品整理事業者を目指してください。

筆者は遺品整理業界に飛び込んでから既に15年以上経ちますが、遺品整理を行っていて一番強く感じたことはお客さんからもらえる「ありがとう」の重みがこれまで行ってきたどの仕事よりも重いということです。遺品整理の依頼をする人の多くが大切な人を亡くした遺族や故人が孤立死等で発見されて貸主から早急な特殊清掃を迫られている遺族だったりと、遺族だけでは解決できない問題に直面し夜も眠れずに苦しんでいる人であったりします。そうした人達の遺品整理を無事終えた後にもらえる「ありがとう」の言葉はこれまで経験してきたど

の仕事よりも心のこもった感謝の言葉に感じました。

　これから遺品整理業に携わる皆さんにもこの言葉の重みを是非感じてもらいたいと思い、本書がその一助になることを願っております。

遺品整理・死後事務専門　行政書士　谷　茂

~著者略歴~

谷 茂（たに しげる）

行政書士
第八行政書士事務所　代表
一般社団法人 死後事務支援協会　代表理事

大学卒業後に不動産会社に就職。賃貸管理部門にて入退去に伴う原状回復やトラブル対応にあたる。不動産会社を退社後、当時日本で最初の遺品整理専門会社に就職し、遺品整理に限らず、孤立死や自死に伴う特殊清掃等の業務に長年にわたり従事。

平成26年に遺品整理専門の第八行政書士事務所を開設。賃貸物件での孤立死や自死を巡るトラブルを専門に扱う行政書士として多くの相談に対応。

また、天涯孤独や親族に頼れない方の死後の手続きを一括して受任することで、高齢者の死後の不安を取り除く死後事務支援協会の代表としても活動中。

遺品整理・特殊清掃
開業・運営ガイドブック　　　　　令和6年3月1日　初版発行

〒101-0032
東京都千代田区岩本町1丁目2番19号
https://www.horei.co.jp/

検印省略

著　者　谷　　　　　茂
発行者　青　木　鉱　太
編集者　岩　倉　春　光
印刷所　東　光　整版印刷
製本所　国　　宝　　社

（営　業）　TEL　03-6858-6967　　Eメール　syuppan@horei.co.jp
（通　販）　TEL　03-6858-6966　　Eメール　book.order@horei.co.jp
（編　集）　FAX　03-6858-6957　　Eメール　tankoubon@horei.co.jp

（オンラインショップ）https://www.horei.co.jp/iec/
（お 詫 び と 訂 正）https://www.horei.co.jp/book/owabi.shtml
（書籍の追加情報）https://www.horei.co.jp/book/osirasebook.shtml

※万一、本書の内容に誤記等が判明した場合には、上記「お詫びと訂正」に最新情報を掲載
しております。ホームページに掲載されていない内容につきましては、FAXまたはEメー
ルで編集までお問合せください。

ISBN978-4-539-73008-9
C2034 ¥2600E

9784539730089

定価 （本体2,600円＋税）

1922034026001

ココからはがしてください

71   1／1
ISBN：9784539730089
受注No：123166
受注日付：241204

コメント：2034

番店CD：187280   24
教注